VOYAGE

DE

LYON A AVIGNON

PAR LE

Chemin de Fer et le Rhône,

PAR TH. OGIER.

SE TROUVE

CHEZ LES PRINCIPAUX LIBRAIRES,

Et aux stations et pontons de la ligne.

1854.

A NOS LECTEURS.

Il est toujours entré dans nos vues, et nous croyons l'avoir prouvé, de réunir, dans nos diverses publications, l'agréable à l'utile. Plusieurs personnes nous ont manifesté le désir de voir figurer, à propos des diverses lignes que nous parcourons dans nos voyages, la description des travaux d'art que les compagnies de chemins de fer ont fait exécuter sur leurs tracés respectifs. On a témoigné aussi le plaisir que l'on aurait à trouver dans nos pages une désignation plus complète et plus détaillée des ressources industrielles particulières aux localités que nous citons, ainsi que la mention des établissements principaux, usines, etc., que renferment ces diverses localités.

C'est avec empressement que nous déférons à ces demandes, qui nous prouvent, du reste, l'intérêt qu'excite notre publication. Nous chercherons donc à répandre sur notre itinéraire le plus de variété qu'il sera possible ; nous tâcherons de donner les plus grands détails que nous le pourrons sur les stations ou pontons qui se rencontreront sur notre route.

Par une heureuse coïncidence, et nous sommes persuadé que ce sera une véritable bonne fortune pour les lecteurs, ces contrées qui vont se dérouler à nos yeux dans ce voyage, sont aussi favorisées sous le rapport commercial et industriel, que riches et fertiles en souvenirs et faits historiques. Ces documents, d'autant plus intéressants qu'ils sont plus étendus, ne sauraient être divisés ou scindés ; car la partie que l'on supprimerait, nuirait infailliblement aux autres ; et c'est précisément ce que nous tenons à éviter.

En conséquence, nous avons cru qu'il était à propos de borner cet opuscule à Avignon ; cette ville deviendra le point d'arrêt ou de station de notre itinéraire actuel, en même temps que le point de départ d'un troisième voyage qui nous conduira jusqu'à Marseille, et peut-être de là jusqu'à Toulon. Puis, de cette même ville d'Avignon, nous repartirons pour Nîmes, Alais, Montpellier et Cette.

De sorte que le lecteur qui voudra borner son excursion, et la restreindre à l'un de ces parcours, aura la facilité de le faire, et pourra n'acquérir, de nos petites brochures, que celle relative aux localités qui l'intéressent le plus spécialement. Nous pensons que cet avantage sera apprécié, quoique le prix des publications réunies ne dût pas constituer une grande dépense. Par contre, les personnes qui voudront tous nos petits opuscules, les trouveront avec la même justification de texte et le même format d'impression. En les réunissant, on aura un joli petit volume, lequel, nous l'espérons, offrira quelque intérêt.

Les considérations que nous venons de développer, jointes à la bienveillance du public, sur laquelle nous croyons pouvoir compter, promettent à ce livre un accueil favorable. Nous ne négligerons rien pour le mériter.

ITINÉRAIRE DE LYON A AVIGNON.

Dans l'opuscule publié déjà par nous, et intitulé : *Voyage de Lyon à Paris par le chemin de fer et la Saône*, nous avions manifesté l'espérance de trouver l'embarcadère de Lyon a Paris et de Lyon à Marseille, élégant et spacieux, digne, en un mot, par sa construction, des deux grandes voies ferrées auxquelles il servira de point de départ ; digne aussi de l'importance de Lyon, la seconde capitale de l'empire. Cette espérance paraît devoir se changer en certitude, à en juger par l'étendue des fondations du bâtiment destiné à l'embarcadère, qui aura 124 mètres de longueur, et les bonnes dispositions qu'il paraît appelé à réunir dans l'ensemble de sa distribution.

Nous ne reviendrons pas sur ce que nous avons dit de la ville de Lyon, bien que sous tous les rapports, historique, commercial et industriel, statistique et pittoresque, ce vaste sujet pût être traité encore, sans tomber dans l'écueil des redites et répétitions. Mais nous avons pensé que la plupart de nos lecteurs seraient désireux d'arriver, au plus tôt, à connaître ce que peuvent à leur tour offrir d'intéressant, sous tous les points de vue, les contrées qu'ils vont parcourir, soit par la navigation fluviale, soit par la voie de fer.

Cette impatience s'explique et se justifie, en effet, par les différences de sites, de constructions, de mœurs et même de costumes, qui existent entre les pays qu'ils viennent de traverser et ceux qui vont se dérouler sous les yeux. La voie fluviale, elle-même, offre un contraste sensible avec celle de la Saône. En quittant cette paisible rivière qui semble, pour ainsi dire, ralentir son cours, afin de nous permettre d'admirer à notre aise ses rivages enchanteurs, nous allons passer sur le Rhône, au cours impétueux, aux fougueuses allures ; sur le Rhône qui semble se hâter de se perdre dans la mer, et ne supporter qu'avec impatience les pyroscaphes qui sillonnent ses flots. Mais ceux-ci, obéissant aux savantes combinaisons du génie qui les a créés, à l'intelligence qui les dirige, paraissent se soucier fort peu de cette impatience du vieux Rhône, et ne tiennent aucun compte des signes et des marques de ses emportements.

Paysage, culture, tout va présenter des aspects différents ; des rochers arides et leurs aspérités vont remplacer les riches coteaux qui bordent la route de Paris. Au lieu de ces villages entourés d'une fraîche verdure, nous allons en voir d'autres où le terroir est dans une souffrance presque continuelle, où les rayons d'un soleil brûlant et le souffle rigoureux du mistral entretiennent une sécheresse perpétuelle. Nous verrons sur les sommets de ces rochers à pic de vieux castels en ruines, débris des temps féodaux, et attestant, par leur seule position, tout ce qu'il a fallu d'efforts acharnés pour arriver à les détruire. Chacun de ces bourgs, de ces villages, qui vont s'offrir à nos regards, semble avoir eu quelque siége à subir ; presque tous ont été entourés de murailles ; maintenant des ruines ont remplacé ces moyens de défense et de destruction.

Ne croyez pas cependant, lecteurs, d'après ce coup d'œil général que nous venons de jeter à l'avance sur votre voyage, que vous ne parcourrez que des pays agrestes et sauvages. Sans doute un contraste sensible vous attend ; mais vous trouverez encore de beaux sites ; les contrées que vous allez traverser n'en sont pas dépourvues, et peut-être les apprécierez-vous davantage, à raison de leur rareté. Vous en jugerez, au surplus, en reprenant le cours de notre pérégrination.

En tête de notre article, intitulé LYON, nous avons indiqué la distance qui sépare cette ville de celle de Marseille ; cette distance, par voie de terre, est de 294 kilomètres ; mais par les autres voies qui sont moins directes, elle est de 350 kilomètres ; savoir : 230 kilomètres de Lyon à Avignon, et 120 de cette dernière ville à Marseille.

Au sortir de l'embarcadère, on traverse immédiatement le Rhône sur un beau pont en pierre, spécialement et exclusivement réservé à l'usage du chemin de fer. Ce pont a 200 mètres de longueur ; il se compose de cinq travées, dont chacune a 40 mètres d'ouverture. Bientôt après, pour franchir une *lône*, ou petit bras du fleuve, on passe sur un autre pont, moins long, et de construction moins hardie que le premier. On arrive alors à la gare ou entrepôt des marchandises, située sur le territoire du troisième arrondissement de Lyon (arrondissement dont la population s'élève à 44,870 habitants). Sur cette partie du département du Rhône, se trouvent les quatre communes séparées du département de l'Isère, pour être réunies à l'agglomération lyonnaise par décret impérial du 24 mars 1852.

Antérieurement à cette époque, le territoire du troisième arrondissement formait la ville de la Guillotière. Sa superficie, de 3,394 hectares, est couverte de maisons que l'on peut dire toutes modernes, et dont la plupart sont des constructions élégantes, distribuées de manière à satisfaire aux conditions d'une bonne hygiène, en même temps qu'à celles de l'agrément. De beaux quais contraignent le Rhône à respecter la limite assignée à ses empiétements. (Cette victoire remportée sur le fleuve, est due au génie du célèbre Morand, constructeur du pont qui porte son nom). De magnifiques promenades connues sous la dénomination de *Brotteaux* (étymologie qui suffit pour rappeler les fréquentes incursions du Rhône); de longues rues en ligne droite, et d'une largeur qui permet d'y élever de superbes constructions ; enfin, d'agréables endroits, parfaitement convenables pour les divertissements de la population lyonnaise, tous ces éléments réunis concourent à faire de cet ancien faubourg de Lyon, une ville moderne, saine et agréable.

Toutefois, si l'architecte Morand a eu le mérite de créer la partie septentrionale de ce quartier, M. Vitton, le modèle des administrateurs, a continué et complété l'œuvre de Morand, en obligeant les constructeurs à suivre ses plans tracés avec le goût le plus exquis.

Aussi, l'on peut dire que les deuxième et troisième arrondissements de Lyon l'emportent sur les autres parties de la ville par la distribution, le bon air que l'on y respire et par l'élégance des bâtiments.

La gare de la Guillotière, les entrepôts et les différents ateliers de construction de machines et autres, occupent une superficie territoriale de 20 hectares.

De cette gare, destinée aux marchandises, à la station de Sainfons, qui est la première, on compte 5 kilomètres 600 mètres de distance.

Nous n'essayerons pas de débrouiller dans le chaos des étymologies diverses d'où l'on prétendait tirer le nom de la *Guillotière;* nous ne chercherons pas à savoir si ce nom dérive du moine *Lagrilotier*, lequel fit don à l'abbaye d'Ainay du mandement de Béchevelin ; si, d'après *Menestrier* et Paradin qui, s'appuyant sur différentes causes, soutiennent qu'il faut dire *la Grillotière;* si l'on doit croire le père Fodéré, qui tire le nom de Guillotière de *Guy-Lhostière*, et l'applique à la coutume qu'avaient les druides de s'arrêter en ce lieu dans une hôtellerie, lorsqu'ils revenaient de cueillir le *gui* sacré dans les bois du Dauphiné ; voyages qu'ils renouvelaient tous les ans. Quelle que soit la véritable de toutes ces étymologies, ce qui est incontestable, c'est l'ancienneté de ce lieu. Il n'avait pas une grande importance, mais il empruntait une certaine célébrité du passage de tous les personnages historiques qui ont figuré comme acteurs dans les événements dont Lyon a si souvent été le théâtre. Cependant il est trois points du territoire de la Guillotière qui se partagent, en quelque sorte, les fastes historiques de ce faubourg, lesquels ont été englobés dans les annales de la métropole. Ces trois points sont : **Le** château de *La Mothe* et les fermes de la *Part-Dieu* et de la *Tête-d'Or*.

Le *Château de La Mothe* remonte à une haute antiquité; les historiens sont indécis sur l'époque de sa construction; toutefois, il devait avoir une importance bien marquée dans les temps féodaux, et, ce qui le prouve, c'est que les souverains, les princes et les princesses, tant français qu'étrangers, y faisaient séjour en attendant le moment fixé par l'étiquette et le cérémonial pour leur entrée solennelle *dans la bonne ville de Lyon*. Depuis 93, cet usage a été tacitement aboli, et le château de La Mothe a cessé d'être consacré à pareille destination. Il appartenait, au commencement de notre siècle, à M. Ducreux, avoué à Lyon, lequel le vendit au génie militaire, lorsqu'après la révolution de 1830, le gouvernement décida qu'une ceinture de forts détachés serait établie autour de Lyon. Parmi les nombreuses constructions de ce genre, le fort de La Mothe qui, avec sa caserne et ses fossés, environnent les restes du château, tiennent le second rang. Viennent ensuite le fort du Colombier et celui de la Vitriolerie, qui se trouvent entre le château de La Mothe et le Rhône. Ajoutons ici que l'enceinte de fortifications qui met la ville de Lyon à l'abri de toute attaque extérieure, a 26 kilomètres de parcours.

La ferme de la *Part-Dieu*, près de laquelle on a construit une magnifique caserne de cavalerie, appartient, de nos jours, à l'Hôpital-Général de Lyon, par suite de la donation faite par madame de Mazenod. Cette dame que sa curiosité, dont elle eut bientôt sujet de se repentir, exposa, sur le pont de la Guillotière, à une scène d'effervescence populaire qui mit un instant ses jours en péril, avait fait le vœu à Notre-Dame-de-Pitié, de donner, si elle sortait saine et sauve du danger qui la menaçait, tous les biens qu'elle possédait à la Guillotière, à l'Hôpital-Général, dans lequel Notre-Dame-de-Pitié avait sa chapelle votive. Ce vœu fut acquitté. Les biens compris dans la donation étaient : la ferme de la Part-Dieu et ses dépendances, dont la valeur, a cette époque (1623), s'élevait à 100,000 fr.

La ferme de la *Tête-d'Or*, située au nord des Brotteaux, et qui, jadis, portait le nom de *Grange-Lambert*, appartient aussi à l'Hôpital-Général par suite d'une donation.

La Guillotière doit à un couvent de frères *Picpus* quelques particularités historiques qui, à raison de leur médiocre importance, se sont confondus dans la foule des autres faits dont cette localité a été le théâtre. Quant aux monuments, la Guillotière possède quatre églises paroissiales, lesquelles sont toutes aujourd'hui de moderne construction ; une chapelle expiatoire, qui rappelle par sa destination les tristes journées du siège que Lyon eut à subir en quatre-vingt-treize ; un hospice pour les vieillards dont la moderne fondation est due au vénérable curé Neyrat, qui administrait la paroisse en 1823, et au modèle des maires, M. Viton. Enfin, plusieurs ponts établis sur le Rhône, successivement et à diverses époques, à mesure que les relations de ce faubourg avec Lyon, en devenant plus actives, ont nécessité de nouvelles voies de communication.

Parmi ces ponts, nous ne citerons que les deux plus anciens, les autres étant tous modernes. Le pont de la Guillotière date du xiiie siècle ; il fut construit par un entraînement religieux que le pape Innocent IV, qui était alors à Lyon, favorisa par diverses indulgences. Un autre pont, qui existait avant celui-ci, s'écroula lors du passage de Philippe-Auguste et du roi d'Angleterre, en 1190. Avant cet évènement, ce même pont, qui était en bois, fut encore choisi par Androgathe pour commettre son assassinat contre l'empereur Gratien. On sait que ce jeune empereur mourut âgé seulement de vingt-six ans. Un volume suffirait à peine si l'on voulait transcrire ici tous les événements tragiques et autres qui ont eu lieu sur le pont de la Guillotière qui, jusqu'à la fin du siècle dernier, était l'unique voie pour la traversée du fleuve. Mais nous sommes pressés par notre locomotive et nous terminerons cet article en citant le pont Morand qui fait honneur à l'architecte, dont il porte le nom, par sa solidité et son élégance. Il ne date que de l'année 1774 ; sa longueur est de 209 mètres et sa largeur de 13 mètres. Quant à son trisaïeul, celui de la Guillotière, il a 351 mètres 29 centimètres de long sur 10 mètres 80 centimètres de large.

Nous ne quitterons pas cette partie si intéressante de l'agglomération lyonnaise sans entrer dans quelques détails sur ses ressources commerciales et industrielles.

Le commerce qui se fait à la Guillotière est considérable ; il a pour spécialités principales : 1° les bois de construction, bois de chauffage, etc., etc.; 2° les grains et céréales qui ont deux marchés chaque semaine. Le commerce des bois tire ses marchandises des départements limitrophes ainsi que de la Suisse et de la Savoie. Le chiffre des affaires qu'il réalise monte à 12,000,000 par an ; celui des grains, alimenté par les marchés voisins, surtout par ceux de l'Isère, fait annuellement, en moyenne, un chiffre d'affaires de 3 à 400,000 francs.

L'industrie est représentée par 3,263 établissements divers, lesquels occupent 5,922 ouvriers. La nomenclature et la classification de ces établissements, ainsi que celles des ouvriers par âge et par sexe, se trouvent dans notre travail intitulé : *Géographie et Statistique des communes de France,* et dans la partie de cet ouvrage relative au département du Rhône.

Enfin, les produits agricoles de cette localité ont un classement assez élevé pour que, réunis aux deux branches, industrie et commerce, le tout donne un chiffre colossal.

Il nous reste à parler d'un château situé au sud de la Guillotière, et que le chemin de fer côtoie en le laissant à sa gauche. Ce château, devenu aujourd'hui un établissement religieux, porte le nom de *Champagneux.* Il a longtemps appartenu à la famille de Jonage ; il passa plus tard aux mains de MM. Lassalle et Loyas, entrepreneurs, qui le vendirent, en 1824, aux frères hospitaliers, dits de *Saint-Jean-de-Dieu ;* ceux-ci l'ont transformé en une maison où ils reçoivent quatre cents aliénés. L'ordre des frères *Saint-Jean-de-Dieu,* fondé en Espagne, il y a trois siècles environ, fut admis en France par Henri IV, en 1602, à la demande de Marie de Médicis. Il compte aujourd'hui, dans la France, quarante établissements semblables à celui-ci, et dont les principaux sont à Paris et à Charenton. Nous nous abstiendrons de tout commentaire au sujet de cette institution pieuse ; ne suffit-il pas d'en parler pour rappeler tous les services qu'elle rend à l'humanité ?

Après avoir dépassé l'hospice de *Saint-Jean-de-Dieu*, on traverse le côté-ouest de la plaine Sainfons ; la partie sud limite le département du Rhône. Cette plaine, ainsi que la Guillotière, sert de passage à deux routes impériales et à deux routes départementales. L'une des deux routes impériales, n° 7, est celle de Paris à Antibes ; nos lecteurs la rencontreront souvent dans le cours de ce voyage. L'autre, n° 6, va de Lyon à Chambéry et à Grenoble. Quant aux routes départementales, l'une d'elles se dirige vers Crémieux, l'autre vers Grenoble et Pont-en-Royans.

SAINFONS.

Première station. — 4 kilomètres 713 mètres jusqu'à Feyzin.

Cette station est sur le territoire communal de Vénissieu, lequel fait actuellement partie du département du Rhône, en vertu du décret impérial relatif à l'agglomération lyonnaise, et dont nous avons déjà parlé. Le commerce de cette localité ne consiste que dans la vente, sur les marchés de Lyon, des denrées alimentaires que produit le sol. L'église est très ordinaire, quant à l'architecture. Le village a une assez grande étendue, et l'on y voit une place publique. Sa population atteint le chiffre de 2754 habitants. Vénissieu ressort maintenant de la justice de paix du canton de Villeurbanne, par une loi rendue le 30 mai 1854.

Au dire de quelques historiens, la plaine Sainfons aurait été le théâtre de la célèbre bataille que Septime-Sévère livra à son compétiteur Albin. A la vérité, il est peu d'événements historiques qui, plus que celui-là, soit attribué à diverses localités. Mais un fait incontestable, c'est que cette même plaine a servi de halte et de campement à Napoléon Ier et à la petite armée qui le suivait, lorsque le grand empereur, revenant de l'île d'Elbe par Grenoble, attendit que Monsieur, comte d'Artois, qui régna depuis sous le nom de Charles X, fût sorti de Lyon, où ce prince s'était rendu dans le dessein de mettre obstacle au passage de Napoléon.

La plaine Sainfons est le Long-Champ des Lyonnais; elle est, au dimanche *des Brandons*, ou premier dimanche de carême, le rendez-vous des voitures de masques et des cavalcades. Nous devrions dire : *elle fut*, car cette coutume traditionnelle se perd depuis quelques années, et tend à s'effacer entièrement.

Afin de suivre, pour cet itinéraire, la marche que nous avons adoptée pour celui de Lyon à Paris, et qui consiste à traiter en même temps les stations du chemin de fer et les pontons des bateaux à vapeur, nous sommes en ce moment forcés de ramener nos lecteurs à l'endroit où stationnent les vapeurs qui les transporteront jusqu'à Avignon, si toutefois ils ont donné la préférence à la voie fluviale.

L'emplacement réservé à la station des bateaux se

trouve sur le quai de la Charité, rive droite du Rhône. Il est dans la circonscription du deuxième arrondissement de Lyon, lequel compte 70,000 habitants. Le Rhône, en cet endroit, a 200 mètres de largeur; on peut aisément calculer la force de sa pente, en prenant pour base que Lyon est à 162 mètres au dessus du niveau de la mer.

Le quai de la Charité, orné d'une belle plantation d'arbres, forme, avec la chaussée Perrache à laquelle il aboutit, un parcours de 3 kilomètres de longueur. Il part du pont de la Guillotière Le premier édifice que l'on trouve sur ce quai, est l'hospice de la Charité, que précède la place du même nom; cette place, qui est adjacente à celle de Bellecour ou de Louis-le-Grand, a la forme d'un parallélogramme ou carré long; les maisons qu'elle renferme sont élégantes et de construction régulière. A droite se trouve la mairie du deuxième arrondissement, à gauche l'hôtel de Provence et des Ambassadeurs, et l'église de la Charité.

Cette église, attenante aux bâtiments de l'hospice, a été fondée en 1617. L'architecture en est lourde et désagréable à la vue. Les dernières restaurations que l'on y a faites datent de 1843. On y voit le tombeau du cardinal de Richelieu, archevêque de Lyon, et frère du célèbre et tout puissant ministre de Louis XIII. Plusieurs pierres tumulaires incrustées sur les murs des nefs, indiquent les noms des bienfaiteurs de l'hospice.

L'hospice de la Charité ne fut établi, dans ce lieu, que vers le milieu du xvie siècle. On y admet, au nombre de quatre cents, les vieillards des deux sexes qui ont atteint leur soixante-dixième année. On y reçoit aussi les orphelins exposés, les enfants malades et les filles enceintes (mais seulement pour leurs couches). Les soins et la sollicitude maternelles des religieuses qui desservent l'hospice, et la propreté qu'elles y entretiennent, sont au dessus de tous les éloges. On conserve précieusement dans les armoires où sont déposés les ornements d'église, un rochet qui a appartenu à saint François de Salles, évêque de Genève. (Ce saint prélat est mort à Lyon).

En reprenant le quai, on trouve une longue file de bâtiments, laquelle, commençant à l'église, forme le côté sud de la place et le côté ouest du quai ; on voit ensuite l'Hôpital Militaire, qui occupe l'ancien emplacement de la Douane, transférée présentement sur le quai de l'Arsenal. Ce n'est que depuis 1831 que cet édifice sert à sa destination actuelle. L'Hôpital Militaire contient plus de mille lits. Les malades sont soignés par des infirmiers appartenant au corps des ouvriers de l'armée. On y traite quatre sortes de maladies : les fièvres, les blessures, la gâle et les maladies syphilitiques. On y voit une chapelle et un joli jardin.

Presque en face de cet hôpital, se trouvent les premiers embarcadères des bateaux à vapeur ; ils vont en s'échelonnant de distance en distance. Il nous serait difficile, vu la concurrence que se font les compagnies, de désigner les noms de tous les bateaux qui sillonnent le fleuve ; la même raison empêche d'indiquer les prix du trajet jusqu'à Avignon, car ces prix changent très souvent. Nous indiquerons toutefois l'heure du départ, qui a lieu à cinq heures et demie du matin. Le trajet s'opère en sept heures à la descente, et en douze à la remonte. Un service spécial est aussi établi pour Valence et les ports intermédiaires. Le bateau qui fait ce service part à une heure du soir.

A peine le bateau a-t-il démarré, que nous arrivons au pont Napoléon, vis-à-vis duquel se trouve la Manufacture impériale des tabacs, où sont occupés, chaque jour, *sept cent vingt* personnes, savoir : deux cent cinquante hommes et quatre cent soixante-dix femmes. Le bâtiment qui sert à la manufacture, était jadis une fabrique d'indiennes, exploitée par MM. Picot et Fazy, de Genève. Cet édifice, assez élégant, fait angle avec le cours du Midi, ou cours Napoléon, magnifique promenade qui trouve le Rhône et la Saône à ses deux extrémités, mais qui, dans ce moment, est bouleversée par les travaux exécutés pour l'embarcadère des chemins de fer de Paris et de Marseille. Le cours du Midi a été tracé, il y a trente ans environ, sous l'administration préfectorale de M. de Marnésia. On y compte six rangs de platanes, symétriquement placés, et parvenus à une belle hauteur.

Immédiatement après avoir passé sous le pont Napoléon et sous celui du chemin de fer, on trouve à droite la prison dite de *Saint-Joseph*; c'est depuis 1831 seulement que ce bâtiment sert à sa triste destination. Dans cette maison pénitentiaire, on renferme tous les individus des deux sexes, âgés de plus de seize ans, qui ont encouru une détention de moins d'un an et un jour ; de plus, les enfants au dessous de seize ans, condamnés à des peines correctionnelles de quelque durée qu'elles soient. Après la prison Saint-Joseph, et toujours du même côté, on voit l'Hippodrome, puis l'Abattoir, construit depuis quelques années, et dont les dimensions sont insuffisantes comparativement aux besoins. Plus loin, on trouve l'embarcadère du chemin de fer de Lyon à Saint-Etienne. La route impériale de Lyon à Toulouse suit la chaussée Perrache. Sur l'autre rive, on aperçoit le beau fort de la Vitriolerie. Nous voici arrivés à un point où il nous est impossible de faire l'examen détaillé de tout ce qui se présente à la vue ; car la rapidité de la marche du bateau devient telle, que bourgs, hameaux, fermes, châteaux, plaines et montagnes, vallées et ravins, tout fuit devant nous, tout s'efface, tout se confond en un clin-d'œil. Nous verrons beaucoup, mais nous apprendrons peu. Il ne reste que la ressource de substituer à l'étude des détails, celle de l'ensemble. C'est ainsi que nous ferons tourner au profit de notre instruction le nouveau mode de voyager que nous a fait la loi du progrès.

Malgré la rapidité avec laquelle notre pyroscaphe sillonne les ondes, nous pouvons apercevoir, sur la rive droite du fleuve, les riants coteaux garnis de magnifiques villas, de beaux châteaux, de jolis villages. Plus loin, nous découvrons Pierre-Bénite, dont le nom rappelle une pieuse étymologie ; puis la plaine d'Yvours et le village d'Irigny assis sur une colline, et dont le clocher est surmonté d'un télégraphe, ligne de Toulon. Vis-à-vis d'Irigny et sur la rive gauche du Rhône, se trouve la deuxième station du chemin de fer.

FEYZIN (Isère).

Deuxième station. — 5 kilomètres 136 mètres 35 centimètres jusqu'à Sérézin. — 1,242 habitants.

L'église de Feyzin, de construction moderne, est placée au sommet d'un mamelon, n'ayant autour d'elle que la mairie et l'école communale, car les habitations sont disséminées sur le territoire, et forment plusieurs hameaux, deux desquels sont traversés par la route impériale de Paris à Antibes; les autres qui se trouvent à l'ouest, bordent le chemin de fer. Dans l'un de ces hameaux, on remarque, à mi-côteau, une habitation bourgeoise, qui était ci-devant château, et dont les travaux de la voie ferrée ont détruit les dépendances, ainsi que les ruines de l'ancienne église. Non loin de là, on aperçoit un corps de bâtiment d'une assez vaste étendue, dans lequel il existe, depuis longtemps, un collége qui s'est acquis une certaine célébrité. Enfin, près du Rhône, on voit une tourelle attenante à une habitation connue dans le pays sous le nom de château, et qui a appartenu à M. le comte de Chaponay. On pense que c'est dans ce château que Joséphine de Beauharnais et sa fille, la reine Hortense, reçurent l'hospitalité, lorsqu'elles rentrèrent en France à leur retour des colonies, d'où les avait ramenées M. de Chaponay.

L'industrie qui était déjà représentée dans cette commune par trois filatures de cocons, ayant chacune dix bassins, et par des poteries et tuileries, s'est, depuis peu, enrichie d'un nouvel établissement qui est désigné sous le nom de *Société des Tuileries étrusques de France* ; il a, pour objet, la fabrication en terre cuite des *tuiles* dites *étrusques, mosaïques, marbres, dalles incrustées de dessins, figures ou blasons à plusieurs couleurs, briques pleines ou creuses, et tuyaux de drainage de toute espèce.*

Dans cette usine se fabriquent, entre autres, plusieurs espèces de tuiles, dont M. Gaillard est l'inventeur ; la tuile à damier, la tuile abeille, la tuile mixte, etc., etc.

Ces tuiles sont toutes de forme plate à rebords et à crochets ; elles se placent facilement sur toutes les toitures, quelle que soit leur pente ; enfin elles s'emboitent si hermétiquement, qu'elles résistent aux plus violents orages. Néanmoins, malgré l'avantage que présentent ces nouvelles tuiles, sous le rapport de la beauté et de la solidité des toitures, elles coûtent encore moins cher que les tuiles les plus communes.

Dans la visite que nous avons faite de cet établissement, nous avons été agréablement surpris de son intelligente distribution. Une puissante machine à vapeur sert de moteur à toutes les opérations qui s'y font, depuis la prise des terres qui s'opère non loin de là et s'introduit par un petit chemin de fer au lieu dans lequel elle doit subir la manipulation, jusqu'au placement dans les casiers des divers objets fabriqués. Fourneaux, manipulation, mécanique, etc., etc., portent, dans leur ensemble, le cachet de leur spirituelle application, et ne peuvent moins faire que de produire les perfectionnements que l'inventeur, M. Gaillard, se propose d'atteindre.

L'exploitation de cette nouvelle tuilerie est connue sous la raison sociale de : *Gaillard, de Romanet-Lestrange et C*[e]. Bureaux de la société, rue Bourbon, 22, à Lyon.

On remarque encore à Feyzin, non loin de la grande route, au nord du village, des ruines romaines consistant en canaux, voûtes, conduits de fer, et ce qu'il y a de plus extraordinaire, c'est qu'on rencontre, dans la maçonnerie de ces ruines, de grandes dalles en terre cuite, portant toutes le nom de *Clarion*, que nous pensons être celui du fabricant ; de plus, de magnifiques tuiles romaines, d'un poids considérable ; nous en avons même vu qui pesaient 9 kilogrammes ; et des restes de mosaïque en assez bon état.

Feyzin dépend de l'arrondissement de Vienne et du canton de Saint-Symphorien-d'Ozon.

SÉRÉZIN (Isère.)

Troisième station. — 5 kilomètres 586 mètres 25 centimètres jusqu'à Châsses. — 275 habitants.

La station de Sérézin est des plus pittoresques ; les habitations du village sont disséminées dans une vallée traversée par la rivière l'Ozon et par la grande voie de communication, n° 9, de Givors à Heyrieux. Au milieu de ces habitations, on voit une petite chapelle avec son campanile : cette chapelle garde encore des restes d'architecture gothique. Non loin de là, se trouvait un château qui a fait place, de nos jours, à un établissement industriel.

Le village de Sérézin et la commune de Solaise, *Sola-*

tium, qui est au nord, ont été jadis traversés par la voie romaine de Vienne à Lyon. Pour peu que l'on remue la terre, on découvre des traces de cette voie; il existe même sur la place où s'élève l'église de Solaise, une colonne milliaire, avec une inscription parfaitement lisible.

Il est probable qu'une station du chemin de fer a été établie à Sérézin, dans le but de favoriser le bourg de Saint-Symphorien, qui est le chef-lieu du canton, et compte 1,830 habitants. Ce bourg, traversé par la route impériale et baigné par la rivière l'Ozon, était jadis ceint de murailles, dont quelques restes subsistent encore. Ces fortifications furent élevées en l'an 1200, par les ordres d'un comte de Savoie, lequel avait établi, sur les passants et sur les marchandises, un droit de péage dont il percevait la dime. On trouve dans les articles divers du tarif qui réglait cet impôt, un passage relatif aux juifs des deux sexes, et portant « *que tout homme juif serait assujetti à la même taxe que celle fixée pour un porc; et que toute femme juive, enceinte, payerait un double droit;* » C'est seulement depuis la fin du xv⁰ siècle que le péage de Saint-Symphorien n'est plus exercé. Quant au château que le comte de Savoie possédait en ce bourg, il a totalement disparu; la seule tour qui fût restée debout, a été démolie il y a quelques années.

L'industrie de Saint-Symphorien-d'Ozon consiste en plusieurs moulins à farine et en moulinage de soie, mûs par l'eau.

On aperçoit, avant d'atteindre la quatrième station, et sur la rive gauche du Rhône, le village de Ternay, bâti sur un coteau, et dominé par le clocher de son église, de style roman, laquelle, aujourd'hui paroissiale, était autrefois un prieuré. Sur la rive droite, on voit la commune de Grigny, et bientôt après, la ville de Givors, qui est placée à l'embouchure de la rivière *le Gier*, et aussi à l'embouchure du canal, dit *de Givors*. Un pont suspendu, jeté sur le Rhône, facilite les communications entre les deux rives. A peu de distance on trouve un autre pont que l'administration du chemin de fer a fait construire, mais seulement pour son service spécial. Cette compagnie, d'accord avec celle du chemin de fer de Saint-Etienne, a fait établir un tronçon qui relie entre elles les deux voies ferrées, afin d'éviter aux voyageurs allant de Saint-Etienne dans le Midi, *et vice versâ*, le détour qu'ils auraient été obligés de faire s'il eût fallu qu'ils se rendissent jusqu'à Lyon. Le pont réservé au passage de la voie ferrée, est composé de six travées, chacune de 40 mètres. Il aboutit à la quatrième station, celle de Châsse.

CHASSE (Isère),
ARRONDISSEMENT ET CANTON NORD DE VIENNE.

Quatrième station. — 10 kilomètres 402 mètres 45 centimètres jusqu'à Vienne. — 812 habitants.

La commune de Châsse est située au bas des coteaux qui, commençant à Sainfons, vont continuant jusqu'aux Roches-les-Condrieux. Les habitations sont disséminées sur la superficie territoriale, qui est divisée en deux hameaux principaux : *Châsse-le-Grand* et

Châsse-le-Petit. La station du chemin de fer se trouve dans celui-ci.

Il y a peu de temps, et jusqu'en 1853, Châsse n'était qu'une section de la commune de Seyssuel. Cette dernière est placée sur la partie la plus élevée de la colline, près de la route impériale n° 7. Seyssuel avait jadis son château, dont les ruines sont encore majestueuses et en assez bon état de conservation. Les archevêques de Vienne avaient fait construire ce château pour en faire une résidence d'été. Il fut détruit, par le feu, en 1400. Ce pays a de bons vignobles, dont les produits sont renommés.

Châsse avait aussi son manoir seigneurial, et l'on en voit encore les débris sur un mamelon. La commune de Châsse n'a pas d'industrie particulière; les habitants n'ont pour ressource que l'agriculture.

VIENNE.

Deuxième ponton. — Cinquième station. — 5 kilom. 199 mètres 40 centimètres jusqu'à Vaugris.— 19,587 habitants, y compris la garnison et la population flottante, qui en prend 2,000.

La ville de Vienne est située sur la rive gauche du Rhône et sur les deux rives de la Gère, petite rivière qui alimente tous les établissements industriels auxquels cette ville doit sa prospérité. Un quai assez beau borde le Rhône, et un pont suspendu, jeté sur ce fleuve, établit communication avec la rive droite, laquelle fait partie du département du Rhône. Mais, à l'exception de ce quai, on doit convenir que l'intérieur de Vienne est peu agréable ; les rues sont tortueuses, les maisons mal construites et mal alignées ne se recommandent pas même par la propreté. Il faut pourtant reconnaître que la situation montueuse de la ville et son antiquité, sont pour beaucoup dans ces inconvénients. Si le goût moderne n'a pas encore imprimé son cachet à l'intérieur de cette cité, si de belles rues et des constructions assujetties à un alignement régulier, ne la classent pas au nombre de celles qui suivent le progrès du siècle, les fastes vénérables de son histoire compensent et rachètent bien l'absence d'agréments et la qualification de stationnaire qu'on lui a donnée, et qu'elle mérite sans contredit. En effet, peu de villes en France pourraient prétendre aux honneurs d'une aussi haute antiquité. Celles qui se glorifient d'avoir les Romains pour fondateurs, et tirent vanité de cette noble origine, doivent baisser pavillon devant Vienne et la respecter comme leur aînée. L'époque de sa naissance remonte si loin dans la nuit des temps que, malgré les recherches des historiographes, de ceux même qui, ayant vu le jour dans l'antique cité, étaient plus désireux que tous autres d'arriver à une découverte positive, aucun n'a pu fixer le moment précis où Vienne fut fondée, non plus que désigner ses fondateurs. Aucun, du moins, n'a pu le faire d'une manière certaine, et apporter des preuves à l'appui de son assertion. D'après les uns, Vienne aurait été bâtie par les Crétois ; au dire de quelques autres, par un banni africain, nommé Vénérius ; enfin, d'autres attribuent sa fondation aux Allobroges ; — et, il faut bien le dire, cette dernière opinion semble la plus voisine de la vérité. — Tous les divers auteurs qui ont écrit à ce sujet, s'appuyent sur des dires plus ou moins bien interprétés, sur des faits plus ou moins authentiques ; mais ce qui est hors de doute, c'est que Vienne existait avant Rome.

Mais pour que l'histoire de cette ville puisse être mieux comprise de nos lecteurs, il est indispensable que sa position topographique serve, pour ainsi dire, de jalon à ses annales. Si l'on est placé sur la rive droite du Rhône, on distingue trois montagnes qui décrivent un demi cercle, au milieu duquel Vienne s'élève en amphithéâtre. Au nord, se trouvent les rochers de la Bâtie, le mont Arnaud et le mont Salomon, propriété de madame veuve Ponsard, mère du poète, et où il va se mettre en retraite. Au sud, et jusqu'à l'est, la ville est appuyée sur le bas du mont Pipet. Primitivement, sa forme était celle d'un trapèze. Au premier aspect, et en mesurant de l'œil l'enceinte que ces trois montagnes renfermaient par leur côté ouest, on s'étonne du peu d'étendue de cette ville, que tous les historiens s'accordent à présenter comme très vaste et très importante. Cependant, si nos lecteurs pouvaient se transporter sur les bords de la rivière la Gère, ils jugeraient combien cette étendue se prolonge sur les versants des trois montagnes. De nos jours encore, c'est dans cet endroit que se sont réfugiés tout le commerce et toute l'industrie de cette ville. Les deux petites plaines qui règnent au nord et au midi étaient couvertes jadis de monuments d'une splendide architecture et enrichis de mosaïques.

De la description que nous venons d'esquisser, on peut conclure que Vienne était assise sur une colline, dont la pente, tournée vers l'Occident, se trouvait partagée en trois terrasses que défendaient des murailles et des tours ; tandis que les petites plaines dont nous avons parlé, ainsi que celle de la rive droite du Rhône, et où se trouve maintenant le village de Sainte-Colombe, renfermaient la partie la plus riche en palais, en monuments et résidences magnifiques. C'est là ce qui a fait dire à plusieurs auteurs que ces trois parties de la ville, surtout celle de la rive droite, formaient *Vienne la belle* (*Vienna pulchra*) ; et que l'aiguille que nous apercevrons sur la rive gauche, presque aussitôt que le vapeur aura repris sa marche, marquait le centre de la ville. Cette aiguille, vulgairement désignée sous le nom de *tombeau de Pilate*, et qui a été décrite par Chorrier, fut élevée, dit cet auteur, à la mémoire de l'empereur Alexandre Sévère, n'est autre chose que le cénotaphe érigé par décret du sénat viennois, en l'honneur de Valérius Asiaticus, le célèbre consul né à Vienne, qui joua un si grand rôle sous les premiers empereurs, et mourut victime de la cruauté de Caligula. Cette aiguille a une hauteur totale de 24 mètres.

La *Tour de Pilate* était attenante à l'une des portes de Vienne, celle qui se trouvait du côté de Lyon ; mai lorsque, sur le milieu du siècle dernier, on construisit le quai Pajot, cette tour fut démolie, et sa base utilisée pour fonder les assises du quai. Nous devons observer que le séjour, à Vienne, du fameux gouverneur de la Judée, est un fait problématique, bien que la tour dont nous venons de parler, porte le nom de ce personnage.

Vienne était la capitale de la *Province romaine*, dite *Viennoise*, dont les villes principales étaient Vienne, Valence, Arles et Marseille. (Sous Julien l'apostat, il en était encore ainsi.)

La Viennoise, d'abord province prétorienne, sous César devint province consulaire, et sous ce titre est jointe pour lui à la Cisalpine. La Narbonnaise fit partie, sous Auguste, des douze provinces gouvernées au nom du sénat, par un gouverneur et un proconsul.

La Gaule avait son préfet du prétoire qui déléguait son vicaire à Vienne sous le tyran Constantin; il habita Arles, son fils résida à Vienne.

Devenue la capitale des Allobroges, Vienne renfermait un temple élevé en l'honneur du Dieu Hésus, et dans lequel on immolait des victimes. Avant de partir pour son expédition d'Italie, Brennus y tint un conseil accompagné de sacrifices solennels. Longtemps après, lorsque les Romains eurent conquis l'Allobrogie, ils comprirent le parti avantageux qu'ils pouvaient tirer d'une position aussi belle que celle de Vienne; ils l'entourèrent de hautes et solides murailles, et y construisirent des aqueducs pour la conduite des eaux.

César, qui vint dans cette ville à son arrivée dans la Gaule, y établit un entrepôt d'armes et de munitions; il chargea de l'administration un procurateur, et fonda aussi un sénat, lequel voulut, par reconnaissance, que la colonie viennoise prit la dénomination de *Julienne*, dérivée de *Julien*, prénom de César.

Pendant quelque temps, vainqueurs et vaincus vécurent en bonne intelligence, unis par une communauté d'intérêts. La défection d'Agus et de Roscillus, chefs allobroges, qui abandonnèrent le parti de César pour embrasser celui de Pompée, troubla cette harmonie, et fit naître dans l'esprit du gouverneur romain un sentiment de défiance et d'animosité contre les Viennois (48 ans avant J.-C.). Une décision de ce procurateur obligea tous les habitants d'origine allobroge, à sortir de la ville; ils étaient au nombre d'environ cinq mille. Cette mesure rigoureuse provoqua, dans toute l'Allobrogie, un soulèvement national. Des insurgés mirent le siége devant Vienne, et le blocus amena bientôt la famine dans la population assiégée. Ce fléau, et la nouvelle de la mort de César, survenue dans le même temps, abattirent complètement le courage des Romains qui, forcés de se rendre, subirent, comme représailles, l'exil auquel les Allobroges avaient été condamnés. Ils quittèrent Vienne, et remontant le Rhône, vinrent s'établir au confluent de ce fleuve et de la Saône. On attribue la fondation de Lyon (1) à cette colonie d'émigrants.

Malgré cette révolte, et grâce au crédit de Cicéron, Vienne fut déclarée ville libre, et plusieurs de ses habitants se virent admis dans le sénat romain. Plus tard,

---

(1) Aujourd'hui l'opinion la plus accréditée, est que Lyon existait déjà avant l'arrivée de cette colonie.

on lui accorda de grands priviléges, en récompense des services que cette colonie rendit, sous le règne d'Auguste, à l'armée de Terrentius Varron, chargée de punir les Solasses, peuplades qui habitaient au pied des Alpes. Vers la même époque, cette cité vit son enceinte se peupler de temples, de thermes, de théâtres ; elle eut aussi un palais impérial, dont l'emplacement avait été choisi par Auguste lui-même, lorsqu'il vint à Vienne. Dans la partie basse de la ville s'ouvrit un *forum*, qui devint le rendez-vous, le lieu de réunion de tous les philosophes et rhéteurs que l'on avait appelés de Marseille pour propager dans le pays la civilisation et l'instruction. On trouve dispersés çà et là, soit dans la ville, soit dans le musée, des fragments de ces divers monuments ; quelques uns même sont encore debout, du moins en partie, et leurs débris attestent aux voyageurs ce qu'ils ont dû être jadis.

La prospérité florissante dont Vienne jouissait, fut cependant troublée par des dissensions civiles ; Auguste envoya Tibère pour les apaiser. Plus tard, d'autres démêlés survinrent entre les Viennois et les Lyonnais, par suite de l'inimitié qui régnait entre les habitants de ces deux villes. Ces querelles et ces troubles, qui provenaient de l'agitation presque continuelle où se trouvaient les Gaules, se succédèrent à des intervalles plus ou moins longs, jusqu'à l'avènement de Constantin à l'empire. Enfin, la province viennoise tomba au pouvoir de Gondioc, fils de Gondicaire (en 458). Vienne fut encore la capitale du nouvel état que fondèrent les nouveaux conquérants.

En 489, Gondebaud, l'un des successeurs de Gondioc, ayant été dépouillé de ses droits, assiége Vienne, s'en empare, et fait périr deux de ses frères, qui s'étaient ligués contre lui. Toutefois, sa victoire ne lui procura pas une longue tranquillité. Chlodwig, roi des Francs, pour venger la défaite que les parents de Clotilde, sa femme, avaient essuyée, déclara la guerre à Gondebaud. Les évêques du pays, et surtout celui de Vienne, saint Avite, prêtèrent secours à Chlodwig dans cette levée de boucliers ; Gondigesile, troisième frère de Gondebaud, périt avec sa femme dans ce nouveau siége que Vienne eut à supporter.

Sous le règne de Sigismond, cinquième roi de Bourgogne, et en 517, l'évêque de Vienne, saint Avite, présida un concile qui fut tenu à Epaonne (on suppose que c'est le village d'Albon), et auquel assistèrent vingt-quatre évêques. Quelques années plus tard, Sigismond, sa femme et ses fils, furent jetés dans un puits, par ordre de Clodomir. Mais Clodomir trouva bientôt le juste châtiment de sa cruauté ; il fut tué à la bataille de Vezeronce.

Le royaume de Bourgogne ayant été partagé entre les enfants de Chlodwig, la ville de Vienne, échue à Clotaire, cessa d'être la capitale du royaume, et perdit beaucoup de son importance, quoique le sénat lui eût été conservé, et que ses évêques continuassent de prétendre au titre de primat des Gaules. Mais à mesure que diminuait sa valeur politique, Vienne voyait s'accroître et grandir son importance religieuse. A cette époque se fondèrent, dans ses murs, une foule d'abbayes ou monastères, parmi lesquels nous citerons Saint-André-le-Haut et Saint-André-le-Bas, qui furent érigés en 543, par un gouverneur de la ville, le duc Ancemond.

Un demi-siècle plus tard, le peuple et le clergé de Vienne ayant porté saint Didier au siége épiscopal de leur ville, cette élection déplût à la reine Bruneilde. Dans un concile qu'elle convoqua à Chalons-sur-Saône, elle fit déposer ce prélat, qui fut assassiné par les ordres de cette princesse, à Saint-Didier près de Thoissey (Ain). Ceci se passait en 607.

Ce malheur fut suivi, pour Vienne, de l'invasion des Sarrazins. Ceux-ci n'ayant pu s'emparer de la ville défendue par d'inexpugnables remparts, se vengèrent sur les alentours. Vienne la *riche*, Vienne la *belle* supportèrent les conséquences de la résistance opposée par Vienne la *forte* (737).

Quelque temps après, pendant les guerres civiles suscitées par les démêlés de Louis-le-Débonnaire avec ses enfants, Bernard, archevêque de Vienne, étant parvenu à faire déposer cet empereur (834), ouvrit les portes de la ville aux troupes de Lothaire, qui se livrèrent au pillage et commirent toutes sortes d'horreurs. Lorsque les fils du faible successeur de Charlemagne se partagèrent le royaume, le Dauphiné et la ville de Vienne échurent à Lothaire; ce prince investit de la dignité d'archi-chancelier de l'empire, l'archevêque Agilmar. Charles, fils de Lothaire, ayant succédé à celui-ci, obtint une partie de l'ancien royaume de Bourgogne; il fixa sa résidence au château de Mantaille, près de Vienne.

A cette époque on trouve le titre de *comte de Vienne* mentionné, pour la première fois, dans l'histoire et les chartes du temps. En 856, il appartenait à un nommé Gérard, dont la femme défendit Vienne avec courage contre les troupes de Charles-le-Chauve, qui assiégeaient cette place. Néanmoins, et malgré sa vigoureuse résistance, la ville fut prise, et Charles en donna le commandement à Bozon, son beau-frère, lequel joignit, dès-lors, le titre de comte de Vienne à tous ceux qu'il avait déjà.

En 871, et en suite d'un concile tenu à Mantaille, la couronne royale fut donnée à ce même Bozon, et la ville de Vienne, ainsi que son comté, fit partie du nouveau royaume de Bourgogne, lequel ne devait être réuni à celui de France que 571 ans plus tard. Le couronnement de Bozon eut lieu dans la cathédrale de Saint-Maurice, et l'archevêque Otram sacra le nouveau roi. Bientôt après, les rois Louis, Carloman et Charles-le-Gros, vinrent assiéger Bozon dans sa capitale, sous prétexte qu'il n'était qu'un usurpateur. Pendant ce siége, qui dura deux ans, les habitants de cette ville eurent à supporter toutes les horreurs de la famine. Cependant les princes se retirèrent; il ne resta, sous les murs de Vienne, que le frère de Bozon, appelé *Richard-le-Justicier*. Ce fut lui qui détruisit les fortifications élevées par les Romains, et auxquelles Vienne avait été si souvent redevable de son salut. Richard renversa aussi ces terrasses qui formaient la division de la ville en trois parties, désignées par les noms de *Ville-Haute*, *Ville-Moyenne* et *Ville-Basse*.

La paix une fois conclue, Bozon s'efforça de réparer les désastres de la guerre ; il fit construire un palais qui fut appelé *Palais-des-Canaux*. Ce prince mourut à Vienne, le 11 janvier 887, et fut inhumé dans l'église Saint-Maurice.

Dans un concile qui se tint à Vienne, vers la fin du ixe siècle, et que présidèrent deux légats du pape, cette ville est désignée sous le titre de *Métropole de la Gaule*. *Louis l'Aveugle*, fils de Bozon, passa à Vienne les dernières années de sa vie, et y mourut en 928. La chronique de Frodoard dit que, cinq ans après la mort de ce prince, plusieurs prétendants se disputèrent cette ville, qui tomba au pouvoir de Rodolphe, roi de la Bourgogne transjurane. En 945, le roi Hugues, ci-devant comte de Provence, à son retour d'Italie, embrassa la vie monastique et se retira dans l'abbaye de Saint-Pierre, de Vienne, laquelle avait été précédemment rebâtie par ses ordres. Le fils de Louis l'Aveugle, nommé Charles Constantin, s'empara de Vienne en 947, et y reçut Louis d'Outre-Mer, lorsque ce monarque vint lui demander asile à la suite de la défaite qu'il avait essuyée. L'année 993 vit mourir, à Vienne, *Conrad-le-Pacifique*, roi de Bourgogne, qui y avait fixé son séjour. Conrad eut pour successeur son fils *Rodolphe*, dit *le Fainéant*, qui céda ses états à son neveu, l'empereur Henri II. Depuis ce temps jusqu'à la réunion du Dauphiné à la France, le Viennois fut placé sous la suzeraineté des empereurs qui n'y exercèrent jamais aucune autorité de fait. Mais les seigneurs, mécontents de cette donation, se révoltèrent, et furent soutenus par le clergé. Vainqueurs, ils se partagèrent les dépouilles de Rodolphe ; et ce fut à la suite de ces guerres civiles, que le clergé de Vienne, par une charte, datée du 14 septembre 1023, investit son archevêque, Burcard, du titre de comte, en y ajoutant le droit de suzeraineté temporelle sur les fiefs qui relevaient du comté. Toutefois, il y eut, à ce sujet, de fréquentes discussions entre l'archevêque et le chapitre de Saint-Maurice. Malgré le pouvoir et les richesses de ce chapitre, le métropolitain l'emporta. Ce fut l'archevêque Guy de Bourbon, qui eut, le premier, la gloire et les avantages de ce triomphe. Plus tard, ce prélat, arrivé au trône pontifical sous le nom de Calixte II, et couronné à Vienne, le 9 février 1119, confirma à l'église de cette ville le titre de primatiale de sept provinces de la Gaule.

Cependant les démêlés entre les archevêques et les seigneurs se prolongèrent encore ; les comtes de Mâcon et ceux d'Albon, entre autres, s'appuyant les uns et les autres sur des droits différents, disputèrent longtemps le comté de Vienne aux archevêques. Mais la victoire resta à ces derniers.

Un concile œcuménique s'ouvrit, le 16 octobre 1311, dans l'une des salles du palais archiépiscopal de Vienne ; il fut présidé par le pape Clément V ; plus de trois cents évêques y assistèrent. Dans ce concile fut prononcée l'abolition de l'ordre religieux et militaire du Temple, ainsi que la déposition du pape Boniface VIII. On y condamna, en outre, les *béguards* et les *béguines* (3 avril 1312).

Les églises de Lyon et de Vienne, qui avaient été constamment rivales, se prirent encore de querelle, en 1328. Une guerre en fut la suite; le bailli de Mâcon, qui était aux ordres de Philippe VI, s'empara de plusieurs châteaux-forts. Bientôt, cependant, un traité fut conclu entre le roi de France et l'archevêque Bertrand de la Chapelle, et donna lieu à une opposition énergique contre le prélat, de la part du chapitre et de celle du dauphin, Humbert II. Mais la contestation fut terminée par la cession que le dauphin fit à la France de ses états (1349). Toutefois, il faut remarquer que lors de la prise de possession par le nouveau dauphin Charles, ce prince, dans le discours qu'il prononça à cette occasion, fit hommage à l'église de Vienne de ses comtés de Vienne, d'Albon et de Saint-Quentin-sur-Isère (1350). Plus tard, l'empereur Charles IV, dans un voyage qu'il fit à Paris, en 1378, donna ses domaines au fils aîné du roi de France, Charles V. L'acte de cette donation révoquait, en faveur de ce prince, la juridiction exercée dans Vienne par l'archevêque et le chapitre.

Puisque nous avons été amené à parler d'Humbert II, dauphin, nous croyons devoir transcrire ici la nomenclature des dignitaires qui ont précédé Humbert et qui est divisée en trois races :

Première race. — Guigues le Vieux qui usurpe sur les évêques de Grenoble (1040). — Guigues II, le Gras. — Guigues III. — Guigues IV, le premier qui s'intitule dauphin. — Guigues V, le premier qui reçut de l'empereur Frédéric Ier, le droit de battre monnaie; celui-ci mourut sans enfants en 1162. De sa sœur, Béatrix, mariée à Hugues de Bourgogne, naît André, Guigues VI.

Deuxième race. — André, Guigues VI, réunit l'Embrunais et le Gapençais, et bâtit Saint-André à Grenoble. — Guigues VII acquiert le Faucigny. — Jean Ier. Sa sœur Anne épousa le baron de la Tour-Humbert.

Troisième race. — Humbert Ier. — Jean II, dit le Justicier, étend ses domaines par des négociations. — Guigues VIII, mort en 1333. — Humbert II, mort en 1355. — Réunion à la France.

Pendant la première moitié du xve siècle, aucun événement remarquable ne se passa dans la ville de Vienne, si ce n'est les visites qu'elle reçut de l'empereur Sigismond et du Dauphin, qui régna depuis sous le nom de Charles VII. Le fils de ce dernier (c'était Louis XI), s'étant mis en rébellion ouverte contre son père, se retira à Vienne, et pour résister aux troupes envoyées contre lui pour le soumettre et le réduire à l'obéissance, il fortifia la ville et en fit relever les remparts.

Les guerres de religion du xvie siècle devinrent, pour Vienne, une source féconde de calamités. Les deux partis, tantôt vaincus, tantôt vainqueurs, firent tour-à-tour subir aux habitants de cette cité le contre-coup des défaites et des représailles. En 1562, le fameux baron des Adrets s'empare de Vienne et y commet les cruautés les plus inouïes; sa rage ne se tourne pas seulement contre les citoyens, mais aussi contre les monuments qui sont mutilés par ces nouveaux Vandales. Quelque temps après, Maugiron reprend la ville sur les Calvinistes; elle resta au pouvoir des catholiques jusqu'en 1567. A cette époque, les réformés s'en rendent maîtres une seconde fois; les excès auxquels ils se livrent, surpassent ceux qui avaient signalé leur première occupation. Le duc de Nemours leur enleva cette proie déjà en lambeaux. Le roi donne le gouvernement de Vienne à Scipion de Maugiron; mais ce dernier, piqué de la préférence donnée sur lui à Alphonse d'Ornano, au sujet de la lieutenance générale du Dauphiné, se jette dans le parti de la Ligue, et livre Vienne au duc de Nemours. Les troupes royales, commandées par Lesdiguières, mettent encore une fois le siége devant cette malheureuse ville; cette attaque n'a pas de résultat. Enfin, le connétable de Montmorency parvient à s'en rendre maître au nom du roi (1595). Le duc de Nemours fut tellement sensible à ce revers et à la perte de Vienne, qu'il en fit une maladie qui, dans quatre mois, le conduisit au tombeau. Quant à la ville de Vienne, accablée sous le poids des maux qu'elle avait endurés, elle sembla n'avoir plus de vie pendant les xviie et xviiie siècles. Son importance se reporte toute entière sur son siége archiépiscopal, non pas à cause du pouvoir qui y est attaché, mais parce qu'il n'est ambitionné que par des noms illustres. Les derniers de ces archevêques, Armand de Montmorin et Henri de la Tour-d'Auvergne, ont leurs mausolées en marbre dans le chœur de la cathédrale, et l'on peut admirer, dans ces monuments, le remarquable talent du célèbre Michel-Ange Slotz. C'est ce même artiste qui a sculpté l'autel en marbre qui décore le chœur de l'église.

Toutefois, une perle manque à cette couronne archiépiscopale de Vienne, qu'une époque néfaste a brisée. Nous voulons parler du vénérable et vertueux Daviau, que la révolution de 89 trouva sur ce siége qui remontait aux premiers temps de l'ère chrétienne. Bordeaux, dont tous les habitants, sans distinction de croyances religieuses, racontent les bienfaits et bénissent les vertus de ce prélat, excite sur ce point l'envie et les regrets des Viennois qui ont été privés de ce digne pasteur.

L'église de Saint-Maurice, autrefois cathédrale de Vienne, et maintenant paroisse, a été commencée en 1052, et achevée vers le milieu du xvie siècle. Le portail est de la renaissance, il appartient au style ogival fleuri. Le baron des Adrets l'a sculpté à sa manière, et on voit encore les traces de ses mutilations. L'édifice est d'un aspect majestueux et imposant ; on peut cependant reprocher à son plan intérieur un défaut d'harmonie. Cette église occupe l'emplacement d'un oratoire dédié aux Machabées.

Palais archiépiscopal et cloître ont disparu ; il reste seulement quelques débris de l'un et de l'autre. Le palais avait été primitivement la demeure des rois de Bourgogne, et n'appartint aux archevêques que depuis la donation qui leur en fut faite par Conrad. Jean de Bournin, l'un de ces archevêques, fit reconstruire et réparer cet édifice en 1221 et en 1266.

L'industrie de Vienne est très importante et compte un nombre considérable d'établissements divers que font mouvoir l'eau ou la vapeur: fabriques de draps, filatures, hauts-fourneaux, fabriques de soieries, papéteries, moulins, etc., etc. Il se fait aussi dans cette ville un assez grand commerce de grains. Les produits des campagnes environnantes sont aussi bons que beaux ; le vin des coteaux voisins est d'une excellente qualité.

Cette ville est traversée par la route impériale n° 7, de Paris à Antibes, avec laquelle s'embranchent les routes départementales de Grenoble, de Bourgoin et de Romans par Beaurepaire. Pour la traversée de Vienne, le chemin de fer a deux percées ou tunnels; l'un de 200 mètres de longueur, l'autre de 805 mètres. Ces tunnels sont séparés par la Gère, sur laquelle on a jeté un très beau pont. Les eaux de cette rivière sont très propices pour la teinture des articles qui se fabriquent dans cette ville, et dont la draperie forme la principale spécialité, ainsi que pour la trempe des armes blanches, article qui avait attiré une certaine célébrité à la ville de Vienne.

VAUGRIS (Isère),

ARRONDISSEMENT ET CANTON SUD DE VIENNE.

Sixième station. — 6 kilomètres 601 mètres 95 centimètres jusqu'à Roche-les-Condrieu. — 302 habitants.

Le village de Vaugris, situé sur une petite colline à la gauche du chemin de fer, et traversé par la route impériale de Paris à Antibes, est dépourvu de toute importance sous tous les rapports. Aucun fait saillant ne se rattache à son histoire. Il n'est même plus de nos jours au rang des communes, ayant été réuni à celle de Reventin, dont il est éloigné d'environ 3 kilomètres. Quant à Reventin, qui est placé sur le versant ouest d'un coteau, nous n'avons rien à en dire, si ce n'est que l'intérieur en est agréable et les alentours bien cultivés.

LES ROCHES (Isère),
ARRONDISSEMENT ET CANTON SUD DE VIENNE.

Septième station. — 9 kilomètres 191 mètres 70 centimètres jusqu'au Péage. — 1,358 habitants.

Ce village est placé sur la rive gauche du Rhône ; on traverse, en cet endroit, le fleuve sur un pont suspendu, qui établit communication entre le bourg des Roches et la commune de Condrieu, chef-lieu de canton dans le département du Rhône. Il y a quelques années encore, on connaissait à peine les Roches, et on n'en parlait presque pas. Depuis, sa population a pris un grand accroissement, et aujourd'hui c'est un joli bourg, où se voient quelques rues assez étroites, il est vrai, mais d'un alignement régulier. Presque tous les habitants exercent la profession de mariniers sur le Rhône. Le peu d'étendue du territoire communal ne permet pas de tirer de grandes ressources ni de grands produits des denrées agricoles. Quant aux femmes, elles se livrent à la confection des broderies de tulle et de dentelle.

A l'est de ce village on a ouvert, dans un rocher, une percée dont la longueur est de 177 mètres.

Le territoire de la commune des Roches a été pris sur ceux de Saint-Clair et de Chaponay.

A une époque reculée, vers la fin du XIIIe siècle, ce village et son territoire faisaient partie de Condrieu.

CONDRIEU (Rhône),

CHEF-LIEU DE CANTON ET DE L'ARRONDISSEMENT DE LYON.

Troisième ponton. — 3,447 habitants.

Condrieu est sur la rive droite du Rhône ; le centre du bourg est à près de 2 kilomètres de ce fleuve. Le milieu de cet espace est traversé par la route impériale n° 86, de Lyon à Beaucaire, laquelle se dirige, dans presque toute sa longueur, sur le tracé d'une voie romaine qui tendait de Lyon et Vienne, à Arles. Cette voie traversait Condrieu, que l'on croit avoir été la capitale des *Conderates*, capitale située sur les bords du Rhône. Ce bourg, ou si l'on aime mieux, cette ville, a porté tour-à-tour les noms de *Conderates*, de *Condrerium* et de *Condriacum*. Depuis les temps les plus reculés jusqu'à nos jours, la population de cette localité a été composée, en grande partie, de nautonniers ou mariniers. On peut attribuer à l'exercice de cette profession à laquelle ils se livrent encore maintenant en grand nombre, autant qu'à l'air vif et pur que l'on y respire, les avantages physiques et la stature haute et bien prise de la plupart des habitants de Condrieu. Les vins que l'on récolte sur les coteaux voisins (ce sont en général des vins blancs), sont estimés et recherchés.

Nous avons dit que Condrieu est une ancienne ville; aussi ne doit-on pas s'étonner que ce bourg soit mal percé, que les rues soient tortueuses, et que les maisons, dont quelques unes portent le cachet des temps éloignés de nous où elles furent bâties, soient basses et d'une construction irrégulière. Un antique château, dont les ruines imposantes et majestueuses couronnent une colline qui domine la partie occidentale du bourg, atteste par ses débris, aussi bien que par la position et l'étendue de terrain qu'ils occupent, l'importance primitive qu'avait jadis Condrieu, qui faisait partie du diocèse de Vienne.

Si l'on ajoute, à cette circonstance, la situation topographique de ce bourg placé à l'entrée du Vivarais, sur la limite du Forez et du Lyonnais, on peut déjà pressentir toutes les calamités, tous les désastres que Condrieu eut à supporter durant l'époque féodale, notamment pendant les excursions des brigands appelés *Tard-Venus*, et aussi pendant la période des guerres de religion, période plus terrible et plus féconde en dévastations et en cruautés que toutes les autres. Les partis rivaux, tour-à-tour vaincus et vainqueurs, s'en rendirent maîtres successivement et alternativement; catholiques et réformés signalèrent leur passage et leur possession en y laissant des ruines et des plaies à cicatriser.

Aux Romains qui possédèrent Condrieu, et auxquels on attribue la plantation des riches vignobles qui sont une des richesses du pays, succédèrent, comme maîtres de cette localité, le chapitre et l'église primatiale de Lyon. On lit, à ce sujet, dans une charte datée de 984, qu'un Gaudemar de Jarez, lequel possédait quelques terres dans le mandement de Condrieu, ayant refusé de faire hommage de ces terres à l'église de Lyon, fut forcé de comparaître, sur l'appel de Renaud de Forez, pardevant l'archevêque de Vienne, Burcard, revêtu d'une autorité compétente pour juger la contestation. Il fut procédé à une enquête en l'église de Sainte-Colombe-lès-Vienne, le troisième jour des ides de mars (13 mars 1012); et à la suite, Gaudemar de Jarez se vit condamné et contraint à prêter l'hommage qu'il avait refusé. Il fit sa soumission au mois de mai 1017.

La fin du xiie siècle vit élever les murailles de Condrieu; on creusa des fossés, on construisit des remparts, des courtines et un donjon pour la défense de la ville; le tout, grâce aux libéralités de Renaud de Forez, archevêque de Lyon. Une partie de ces murailles existe et se voit encore. Ce fut à peu près vers la même époque que fut bâti le château-fort dont nous avons parlé, et dont quelques ruines sont encore debout, notamment une tour, qui servait de prison.

Outre les sommes qu'il donna pour élever ces fortifications, Renaud de Forez accorda force priviléges et immunités aux habitants de Condrieu, tels que exemption de tailles et exemptions quelconques (à la réserve des prestations d'otage pour certains cas déterminés);

abolition de la leude ; droit de voter l'impôt ; droit d'élire les syndics et procurateurs de la ville ; droit de n'être pas jugés hors de la ville pour les cas de juridiction ordinaire, comme aussi de ne pouvoir être arrêtés sans un ordre exprès de l'obédiencier ; exemption du service militaire en dehors de la ville et du mandement (à moins toutefois que ce ne fût pour la défense du patrimoine de l'église) ; enfin, liberté de chasser, pêcher et vendanger à volonté. Ces divers priviléges furent concédés par lettres datées de 1199.

Des querelles, suscitées par des prétentions ou des exigences plus ou moins fondées, entraînèrent à leur suite des guerres dont Condrieu supporta toujours les désastres et les fléaux. C'est ainsi qu'en 1297, les habitants de Givors et de Loire prennent les armes contre ceux de Condrieu ; la cause de ce conflit n'était cependant que de déterminer les limites des paroisses de Saint-Clair et de Chaponay. Après que des flots de sang eurent été répandus, on fit ce qui aurait dû avoir lieu dès le principe de la contestation ; on s'en rapporta à l'arbitrage des archevêques de Vienne et de Lyon, et les choses s'arrangèrent.

En 1514, les habitants de Condrieu ravagent le territoire de Saint-Clair. Le chapitre de Vienne porte ses plaintes à l'archevêque de Lyon, et envoie en même temps des troupes contre les agresseurs. La ville de Condrieu, investie, est réduite à une position très critique ; sa perte paraissait assurée, lorsque des renforts, venus de Lyon, changent la face des choses, en forçant les assaillants à se retirer. Mais la lutte ne s'arrêta pas là. Les Viennois et le dauphin, humiliés de leur défaite, veulent s'en venger; la guerre recommence plus acharnée. Mais la partie cesse bientôt d'être égale, le roi de France, Philippe-le-Bel, ayant interposé son autorité en faveur de l'église de Lyon. Une trêve est conclue, et violée quelque temps après; un nouvel armistice intervient; on prend pour juges et arbitres les doyens des deux chapitres de Lyon et de Vienne; par ce moyen, on arrive à s'accorder.

Plus tard, et en 1328, dix mille Viennois attaquent Condrieu, s'en rendent maîtres, détruisent le château, pillent la ville et ravagent les alentours. Philippe de Valois ordonne au bailli de Mâcon de tirer vengeance de cet attentat. Des troupes sont levées, traversent le Rhône et vont assaillir le château de Saint-Clair. Maître de cette place, après une longue et vigoureuse résistance, le bailli fait massacrer la garnison et livre aux flammes le château et le bourg de Saint-Clair.

Nous voyons surgir ensuite de nouveaux démêlés entre l'archevêque de Vienne et les habitants de Condrieu, ceux-ci refusant de payer au prélat une certaine somme. Les discussions s'enveniment; appel est porté devant le pape, lequel nomme deux cardinaux pour arranger ces différends. Cette fois le métropolitain de Vienne obtient gain de cause sur celui de Lyon, par un arrêt du 1er mars 1341.

Quelques intervalles de repos permirent à Condrieu de réparer ses pertes et ses désastres. Nous trouvons dans une charte de 1344 le détail des améliorations introduites dans la ville par les seigneurs. Mais l'année

1349 vit sévir une contagion qui enleva le tiers de la population ; cette épidémie donna lieu à la fondation d'une *maladrerie*.

Le passage, à Condrieu, de ces brigands appelés *Tard-Venus*, qui se rendaient à Avignon, fut marqué par la dévastation et par les cruautés. Puis, voici d'autres querelles avec les populations voisines. Les habitants de Condrieu, tantôt attaqués, tantôt aggresseurs, voient constamment leur bourg payer les frais de la guerre. Et pourtant les désastres n'ont pas atteint leur apogée, puisque nous ne faisons qu'arriver au temps des guerres de religion. En 1562, Condrieu tombe au pouvoir des réformés ; la ville se voit prise et reprise bien souvent. L'église, le château, et plusieurs autres édifices, sont entièrement ruinés. On répare le château, et on y établit garnison. En 1589, Condrieu, à l'exemple de Lyon, se jette dans le parti de la Ligue ; mais, entourée de villes et paroisses demeurées fidèles à la cause du roi, ce malheureux bourg est encore attaqué à plus d'une reprise, enlevé d'assaut pendant la nuit du 20 au 21 novembre 1589, et livré au pillage ainsiqu'à des excès de tous genres. Bientôt après, Chevrière, à la tête de cinq cents arquebusiers d'élite, de toute la cavalerie, et secondé par une frégate armée envoyée par la ville de Lyon, reprend Condrieu, mais ne le garde pas longtemps, puisque les réformés possédaient encore le bourg au 5 mars 1591.

Sur la fin de 1592, Condrieu passe sous la domination du duc de Nemours. Mais, en 1593, les habitants, fatigués de ces luttes et des maux qu'ils avaient subis, désillusionnés aussi sur le compte des ligueurs, se soumettent à Henri IV, et leur bourg reçoit une garnison royale ; ils furent soulagés de ce fardeau le 18 novembre 1595.

Depuis cette époque, Condrieu a vu se lever des jours calmes et paisibles ; il est délivré des troubles et des fléaux de la guerre ; mais il est bien déchu de son importance, et son rôle a cessé d'être actif. Le Condrieu de notre époque n'est plus le Condrieu du temps de la féodalité.

CHAVANAY (Loire),
CANTON DE PELUSSIN ET ARRONDISSEMENT DE SAINT-ÉTIENNE.

Quatrième ponton. — 1,809 habitants.

Chavanay se trouve placé au fond de la petite vallée qui s'ouvre en face du ponton, dont le village est éloigné d'environ un kilomètre. L'industrie utilise les eaux d'une petite rivière, nommée la Valencèze, qui se jette dans le Rhône, à faire mouvoir des filatures de cocons, des moulinages de soie et des martinets. On trouve aussi dans ce village des tuileries et poteries.

Autrefois Chavanay était entouré de remparts percés de meurtrières et flanqués de tours. Les débris de ces fortifications, et les fréquentes découvertes que l'on fait en remuant le sol, de briques, de médailles, de dalles, de tombeaux, et même d'ossements humains, permettent à ce village de revendiquer des droits à une haute antiquité. Cependant, malgré ces ruines guerrières, nous n'avons pu trouver dans l'histoire aucun fait qui atteste le rôle actif ou passif que Chavanay a pu jouer autrefois.

BŒUF (Loire),

CANTON DE PELUSSIN ET ARRONDISSEMENT DE ST-ÉTIENNE.

Cinquième ponton. — 1,621 habitants.

Ce village est dans une bonne position ; il est bien construit. La route impériale n° 86, de Lyon à Beaucaire, le traverse. Toutefois, et à part quelques maisons de construction élégante, et dotées de beaux alentours, le pays n'offre rien de remarquable à la curiosité du touriste. L'église est ancienne ; autrefois les Bénédictins ont eu, dans ce bourg, une église qui a été, depuis, transformée en maison commune. Elle portait le caractère architectural des xiie et xiiie siècles. On trouve à Bœuf de belles fontaines pourvues d'une eau excellente.

Au sud-est du village, et dans une position riche et pittoresque, on voit une résidence presque princière, où sont réunis tous les agréments que l'on peut désirer. Un jardin anglais borne la partie méridionale de cette magnifique habitation, qui appartient à M. Antoine Cellard, maire de la commune.

On s'occupe à Bœuf de l'éducation des vers à soie ; il y a des filatures de soie que la vapeur met en mouvement. Les produits agricoles consistent en céréales, vins, légumes et fruits. Quant à la partie historique, relative à ce bourg, nous n'avons pu nous procurer aucun renseignement précis et qui mérite d'être cité.

LE PÉAGE-DE-ROUSSILLON (Isère),

ARRONDISSEMENT DE VIENNE ET CHEF-LIEU DE CANTON.

Huitième station. — 1,400 habitants.

On voit à Roussillon un château que fit construire le célèbre cardinal de Tournon ; plusieurs édits de Charles IX furent rendus dans ce château, notamment celui qui prescrivit l'adoption du calendrier actuel. (Auparavant, l'année commençait à Pâques ; c'est depuis lors qu'elle commence au 1er janvier.)

Les productions agricoles de cette localité sont assez bonnes ; il y a de bons vignobles.

On compte du Péage-de-Roussillon, jusqu'à la limite du département de l'Isère, 7 kilomètres 980 mètres.

SERRIÈRES (Ardèche),

ARRONDISSEMENT DE TOURNON ET CHEF-LIEU DE CANTON.

Sixième ponton. — 2,182 habitants.

Nous n'avons que peu de chose à dire de ce bourg, lequel est sur la rive droite du Rhône, dans une très belle position. Que Serrières soit ancien ou non, nous serions assez embarrassés de le dire ; car aucun monument, aucun fait historique ne se rattachent à cette localité. Mais, de nos jours, il s'y fait un commerce considérable de bois de charpente pour le Midi. Quant aux productions agricoles, elles sont ordinaires et à peu près les mêmes que celles des pays que nous avons décrits précédemment. La route départementale de Tournon à Annonay, et qui s'embranche avec la route impériale de Lyon à Beaucaire, passe par Serrières.

ST-RAMBERT-D'ALBON (ou de la Drôme),
ARRONDISSEMENT DE VALENCE ET CANTON DE ST-VALLIER.

Neuvième station.—A 42 kilom. de Valence.— 2,470 habitants.

Ce village est assis près de la rive gauche du Rhône. De belles et majestueuses ruines, auxquelles se joint une vieille tour, dominent les habitations du bourg. Cette tour et ces ruines sont les débris de l'ancien château-fort des seigneurs d'Albon, lequel servit de refuge aux comtes de Grésivaudan, lors de l'invasion des Sarrasins, et lorsque ceux-ci s'emparèrent de Grenoble en 730.

La généalogie des d'Albon touche aux premiers siècles de l'ère chrétienne; la souche même de cette famille est perdue dans la nuit des temps. Le premier qui soit connu comme ayant eu des biens dans le Dauphiné, est Guigues Ier, dit le Viel, comte d'Albon, qui, vers l'an 1040, possédait des terres aux environs de Grenoble. Ce Guigues Ier donna le patrimoine qu'il avait dans la vallée de Cezanne, aux chanoines d'Oulx en Dauphiné, en l'année 1053. Il embrassa la vie religieuse à Cluny, en 1075; ce fut saint Hugues qui reçut ses vœux, et qui lui donna l'habit. Il avait épousé Gothelène, de laquelle il avait eu quatre fils. Son aîné lui succéda sous le nom de Guigues II, dit le Gros, comte d'Albon et de Grenoble. Ce Guigues II donna, en

1075, à l'abbé Hugues de Cluny, l'église de St-Priest en Vallée, et la chapelle de la Mure; il mourut en 1080. Guigues III, son fils, lui succéda avec les mêmes titres; celui-ci eut des différents avec saint Hugues; cependant ils finirent par s'accorder, et il céda à l'abbé, en 1098, les églises et les dîmes qu'il possédait dans le Grésivaudan. Il eut de Mathilde, que quelques auteurs qualifient de reine, Guigues IV; ce fut lui qui, le premier, prit le nom de dauphin; ce surnom lui est reconnu dans un acte passé entre lui et Hugues, deuxième évêque de Grenoble, en 1140. Deux ans après, il mourait, à Grenoble, des suites de blessures reçues dans un combat livré devant le château de Montmeillan contre Amé III, comte de Savoie. Ce surnom de Dauphin ne lui avait été donné que pour désigner les différences de son casque, de son écu, de sa cotte d'armes et de la housse de son cheval, qui portaient la figure d'un dauphin. L'histoire qualifie Guigues IV de vaillant guerrier, il avait épousé Marguerite de Bourgogne, nièce du pape Calixte II; cette princesse mourut le 8 février 1163. Ils eurent deux enfants, Guigues V et Béatrix de Viennois; celle-ci devint la femme de Guillaume de Poitiers, premier de ce nom.

Guigues V, surnommé le dauphin, est le premier qui ait ajouté aux noms et titres de son père celui de comte de Viennois, parce que ce comté lui avait été cédé par Berthold IV, duc de Zaringhen, qui était gouverneur de la Bourgogne en 1155. Guigues V avait épousé Béatrix de Montferrat, fille de Guillaume II, marquis de Montferrat, et de Judith d'Autriche Ils n'eurent qu'une fille qui fut Béatrix, dauphine de Viennois, comtesse d'Albon; elle mourut le 15 décembre 1228. Avec elle finit la première race des dauphins.

Saint-Rambert n'a pas une grande importance au point de vue industriel.

ANDANCE (Ardèche),

ARRONDISSEMENT DE TOURNON ET CANTON DE SERRIÈRES.

Septième ponton. — 1,355 habitants.

Des filatures de soie, voilà tout ce que l'on peut mentionner à propos d'Andance; car on cherche en vain sur cette commune quelques traces d'antiquité, et quelques faits historiques qui méritent d'être relatés.

ANDANCETTE (Drôme).

Dixième station.

Andancette n'est pas une commune, mais seulement une dépendance de la commune de Saint-Rambert. Nous n'aurions rien dit de cette petite localité, si elle ne se trouvait pas être une station du chemin de fer.

SAINT-VALLIER (Drôme),

ARRONDISSEMENT DE VALENCE ET CHEF-LIEU DE CANTON.

Huitième ponton et onzième station. — 2,696 habitants.

Le bourg de Saint-Vallier (Sancti-Valerii), paraît être de fondation romaine; il est probable que primitivement ce n'était qu'un fort, dont on aperçoit encore les ruines et quelques débris de remparts. Sur les hauteurs, du côté nord, existent deux cassines environnées de retranchements formés de pierres sèches. De cet endroit, la vue plane sur une immense étendue de pays, et l'on découvre une grande partie du littoral, depuis Toulon jusqu'au Var.

Quelques historiens affirment que Saint-Vallier occupe l'emplacement désigné sous le nom d'*Usoli* dans les cartes de Peutinger. Quoi qu'il en soit, ce fut dans les environs de Saint-Vallier que se réunirent, en 1188, les gentilshommes du Dauphiné partant pour la troisième croisade.

Ce bourg est situé sur la rive gauche du Rhône, au confluent des deux rivières la *Galaure* et la *Valoire*. A l'est de Saint-Vallier et à deux kilomètres environ, on trouve les ruines du château de Saint-Barthélemy-de-Vals; tout auprès on voit un escarpement de roche taillée à pic et d'un travail fort curieux, qui a été entrepris pour donner passage à un chemin de peu d'importance.

Il y a encore dans les environs de Saint-Vallier un endroit qui mérite d'être visité ; on le nomme le *Pont-à-Dieu*. C'est un rocher couvert de gros arbres, et qui, formant un pont, livre passage à une petite rivière appelée la *Siogne*.

C'est à Saint-Vallier qu'a été fait le premier essai des ponts en fil de fer, dits *ponts Séguin*.

SERVES (Drôme),
CANTON DE TAIN, ARRONDISSEMENT DE VALENCE.

Douzième station. — 1,958 habitants.

Serves n'est point une commune, malgré le chiffre assez élevé de la population, mais une dépendance de la commune d'Erome. Au surplus, le chef-lieu communal, pas plus que le hameau de Serves, n'ont d'importance au point de vue historique ; nul fait marquant ne vient se rattacher à l'un ni à l'autre ; mais, en revanche, Serves a une importance industrielle ; on y trouve des forges, des hauts-fourneaux, des fabriques d'acier, des faïenceries, et surtout une fabrique de poterie très considérable ; il y a également de nombreuses filatures de soie.

TOURNON (Ardèche),
CHEF-LIEU D'ARRONDISSEMENT ET DE CANTON.

Neuvième ponton. — 4,740 habitants.

L'origine de Tournon (*Turnouim* et *Tauredenum*), remonte à une haute antiquité. Plusieurs auteurs font dériver leur opinion, à cet égard, de l'inscription qui se lit sur une pierre trouvée sur les murs du château, et que l'on conserve précieusement dans l'église de Saint-Jean-de-Muzol. Voici ce qu'elle contient :

IMP. CÆS. DIVI

TRAJANI PARS.-UCI

FIL. DIVI NERVAE

NEPOLI TRAJANO
HADRIANO AUG.
PONT. MAX. TRIB.
POTEST. III COS. III
N.... RHODANICI.
INDULGENTISSIMO PRINCIPI.

Cette inscription peut bien, en effet, servir de point de départ à une ancienne et respectable origine.

Toutefois, la domination romaine n'a laissé, à Tournon, aucun souvenir historique de quelque importance. Nous voyons cette ville, immédiatement après la décomposition de l'empire romain, passer, comme bien patrimonial, entre les mains de l'église de Lyon, sans qu'aucune page applicable à cette phase romaine se rencontre dans ses annales et vienne les enrichir. Mais l'église de Lyon ne garda pas longtemps cette propriété ; car le célèbre *Charles-Martel*, voulant récompenser les services de ses officiers, les constitua possesseurs de plusieurs terres seigneuriales, prises sur les domaines ecclésiastiques. La ville de Tournon et son château firent partie des biens compris dans ces donations, malgré les plaintes et les récriminations portées, à diverses reprises, par le clergé devant ce maire du palais, investi de toute l'autorité royale. Les rois, qui succédèrent à Charles-Martel, n'accueillirent pas mieux les réclamations cléricales. Ce ne fut que vers le milieu du ıxe siècle que, cédant aux protestations et aux suppliques réitérées d'*Amula*, alors archevêque de Lyon, Lothaire lui rendit Tournon. Il faut cependant remarquer que la décision de ce prince en faveur de l'archevêque ne fut pas acceptée, sans conteste, par les seigneurs possesseurs et titulaires ; et comme cela se présente souvent dans l'histoire du moyen-âge, il en résulta des guerres qui durèrent jusqu'au règne de Charles-le-Simple.

Le château de Tournon est fort ancien, et on prétend même qu'il existait déjà au temps de Charles-Martel. Il occupe une position des plus pittoresques ; les comtes de Tournon y faisaient leur résidence.

Un superbe corps de bâtiments est affecté au célèbre collége de cette ville. Ce collége, fondé par le cardinal de Tournon, était, sous le règne de Louis XVI, une école militaire que dirigeaient des Oratoriens ; dans tous les temps, il est sorti de cette maison d'éducation des élèves distingués, ce qui justifie parfaitement la haute renommée dont elle jouissait.

Tournon, autrefois comté, du diocèse de Valence, du parlement de Toulouse, de l'intendance de Montpellier, de la recette de Viviers et de la justice royale qui avait son siége au collége, est aujourd'hui chef-lieu d'un canton et d'un arrondissement de l'Ardèche, dont le chef-lieu départemental est Privas.

TAIN (Drôme),
CHEF-LIEU DE CANTON ET ARRONDISSEMENT DE VALENCE.

Treizième station. — 2,459 habitants.

Les tables théodosiennes parlent de cette petite ville qu'elles désignent sous le nom de *Tegna* ; d'anciens titres ont changé cette appellation en celle de *Teing*. L'église paroissiale de Tain était autrefois un prieuré, que possédaient les Bénédictins de Cluny. Ce fut dans cette église qu'en 1350, Charles, fils de Jean II, duc de Normandie, reçut la bénédiction nuptiale des mains de l'archevêque de Lyon. On sait que, des fils de France, ce prince fut le premier qui porta le titre de dauphin; on n'ignore pas non plus qu'il régna, plus tard, sous le nom de Charles V.

Le bourg de Tain est situé au bas de la montagne appelée de l'*Hermitage*, qui produit des vins si renommés. Les meilleurs crus de l'Hermitage sont : *Méal*, *Gréfieux*, *Beaume*, *Raucoule*, *Muret*, *Gueignères*, les *Bessas*, les *Burges* et les *Louds*. Tous ces crus produisent des vins corsés, spiritueux, qui réunissent la sève et la finesse au parfum le plus exquis. On les met en bouteille, la quatrième année; et en vieillissant, ils gagnent beaucoup.

Vers le milieu du xvie siècle, on a découvert sur la montagne de l'Hermitage un autel consacré à Cybèle; il est désigné sous le nom de *Taurobole*.

Tain est situé sur la rive gauche du Rhône, en face de Tournon. Un pont suspendu établit communication entre les deux rives.

ISÈRE (Drôme),
CANTON DE TAIN, ARRONDISSEMENT DE VALENCE.
Quartozième station. — 2,103 habitants.

La station ne se trouve pas sur le territoire du village qui porte le nom d'Isère, mais sur celui de la commune de la Roche de Glun. Toutefois, nous devons dire quelques mots de la rivière l'*Isère*, qui donne son nom à ce village et au département ainsi désigné, et qui, en cet endroit, se perd dans le Rhône. L'Isère prend sa source dans le Piémont, au pied du mont Isereau; elle passe à Tigue, à St-Maurice, à Moustier, où elle commence à devenir flottable, puis à Conflans et à Montmeillan, où elle devient navigable. Bientôt après, elle entre dans le département auquel elle donne son nom, cotoie le fort des Barreaux, passe à Domaine, à Grenoble, à Saint-Quentin, à Romans, puis atteint le Rhône, dans lequel elle déverse ses eaux, après un parcours de 280 kilomètres environ. Ses principaux affluents sont l'Arc et le Drac. Son parcours navigable est à peu près de 159 kilomètres 500 mètres.

Quant à la commune de la Roche de Glun, elle est sur la rive gauche du Rhône; sa population est de 2,103 habitants. Point d'historique ne s'applique à cette commune, distante de son chef-lieu d'arrondissement et de département, de 12 kilomètres.

VALENCE,

CHEF-LIEU DU DÉPARTEMENT DE LA DRÔME ET ÉVÊCHÉ.

Dixième ponton. — Quinzième station. — 13,407 habitants.

L'origine de Valence (*Valentia*) est incertaine, et aucun historien n'a pu découvrir, jusqu'à ce jour, à quelle époque remonte sa fondation. On sait seulement qu'antérieurement à la conquête des Gaules par les Romains, les *Ségalauniens*, peuple qui occupait tout le pays situé sur la rive gauche du Rhône, depuis le point de jonction de l'Isère avec ce fleuve, jusqu'à Cavaillon, en avaient fait leur capitale. La première mention que l'on trouve de Valence est dans Pline. Elle est désignée par Ptolomée le géographe, comme une colonie romaine; elle était alors traversée par deux voies qui aboutissaient, d'après les itinéraires, à *Vienna*, *Avenio* et *Dia*. Enfin, Ammien Marcellin et la notice de l'empire parlent également de *Valentia*.

Dès le commencement du ve siècle, Valence, attaquée par les Vandales et par les Goths, dût son salut à Constance, général romain. Les Sarrasins s'en emparèrent, l'an 730, et Charles-Martel la réduisit en cendres. Reconstruite, elle fut pillée par les Normands, l'an 860. Par suite de la dissolution du royaume de Bourgogne, Valence passa successivement aux princes de Valentinois, puis aux évêques; elle fut concédée à ces derniers, en 1157. Mais un siècle ne s'était pas écoulé, que les habitants chassèrent l'évêque qui régnait alors, et la ville fut érigée en commune. Toutefois, ce premier pas vers l'affranchissement et cette conquête de l'indépendance, n'eurent pas de grands résultats. Le vaillant Mont-Brun, l'un des chefs du parti protestant, ne put réussir, en 1573, à s'emparer de Valence, quoiqu'il entretint de secrètes intelligences dans la ville, et quoiqu'il y fût venu lui-même à deux reprises différentes. Lorsque le directoire-exécutif eût été instruit de l'assassinat du général Duphot, à Rome (1798), il fit enlever le pape Pie VI, qui fut conduit à Valence Ce vénérable pontife y mourut, le 29 août 1799. Son tombeau se voit dans la cathédrale, et le buste du saint-père est une œuvre du célèbre Canova.

Les annales de cette ville sont fécondes en souvenirs intéressants. Le connétable Lesdiguières, surnommé le *renard du Dauphiné,* y termina, en 1626, et à l'âge de 84 ans, une glorieuse carrière. Vers la fin du siècle dernier, un jeune lieutenant d'artillerie, qui fut depuis l'empereur Napoléon Ier, était en garnison à Valence. Il était reçu chez madame du Colombier, femme d'un grand mérite, qui professait une haute estime pour le jeune officier. La perspicacité de cette dame avait deviné l'homme de génie qui devait, plus tard, dicter des lois à l'Europe.

Les anciennes murailles de Valence existent encore, mais elles sont dans un état de délabrement complet. On trouve et l'on distingue au milieu de ces débris la citadelle construite sous le règne de François Ier et par les ordres de ce prince; sa forme était triangulaire. Un beau pont traversait le Rhône en face de Valence; il fut détruit pendant les guerres de religion; celui qui le remplace, et qui est suspendu, est regardé comme le plus beau de ce genre qui existe en France; il date de 1828.

L'église cathédrale de Valence, sous le vocable de saint Apollinaire, fut consacrée en 1095; plus tard, et en 1604, elle fut reconstruite sur un nouveau plan. En général, on n'y trouve rien de remarquable. Cependant il faut faire exception en faveur d'un petit monument, qui est au nord de l'édifice, sur l'emplacement occupé jadis par un cimetière. La voûte de ce monument est remarquable par la richesse et l'ornementation de son architecture. C'est la première des beautés de ce genre qui existe en France ; on l'appelle le *pendentif de Valence*. L'intérieur de ce monument est recouvert par une toiture à quatre faces, qui se termine en pointe.

Valence avait autrefois un évêché. Cette ville dépendait du parlement et de l'intendance de Grenoble, elle était chef-lieu d'une élection, d'un bailliage, d'une sénéchaussée, d'un présidial, d'une justice royale, et avait son gouvernement particulier. Il y avait aussi jadis, à Valence, une université fondée en 1452, par le dauphin Louis, qui fut depuis Louis XI. On y comptait, outre le chapitre, deux abbayes et six couvents.

Une route conduit de Valence à Grenoble, en passant par Romans.

Plusieurs personnages célèbres ont reçu le jour à Valence ; dans ce nombre nous citerons D. Joubert, savant médecin ; le général Championnet, le comte Français de *Nantes*, Bérenger, célèbre jurisconsulte du XVI° siècle ; M. de Montalivet, ancien ministre et ancien intendant de la liste civile, et M. Baude, ancien préfet de police.

Aujourd'hui, Valence est évêché, chef-lieu du département de la Drôme ; elle a un ponton sur le Rhône et une station sur le chemin de fer de Lyon à Marseille.

Nous donnons ci-après les différentes heures des départs pour Avignon et pour Marseille, ainsi que les prix :

Premier départ, à 6 heures du matin, train omnibus, 1re, 2e et 3e classes.

Deuxième départ, 10 h. 45 m. du matin, train omnibus, 1re, 2e et 3e classes.

Troisième départ, 1 h. 45 m. du soir, train express, 1re classe.

Quatrième départ, 3 h. 20 m. du soir, train direct, 1re et 2e classes.

Cinquième départ, 4 h. 30 m. du soir, train omnibus, 1re, 2e et 3e classes.

PRIX.

	1re classe.		2e classe.		3e classe.	
	fr.	c.	fr.	c.	fr.	c.
Pour Montélimart	4	65	3	50	2	55
Pour Orange . . .	10	05	7	55	5	55
Pour Avignon . .	12	95	9	70	7	10
Pour Tarascon . .	15	15	11	35	8	30
Pour Marseille . .	25	50	19	15	14	»

La distance de Valence à Avignon est de 125 kilomètres, il y a 18 stations. Ce tronçon a coûté 40 millions de francs.

ÉTOILE (Drôme),

CANTON ET ARRONDISSEMENT DE VALENCE.

Seizième station. — 3,065 habitants.

Ce village est situé à 13 kilomètres de Valence ; son origine et l'époque précise de sa fondation n'ont pu être précisées jusqu'ici par les historiographes ; aucuns titres, aucuns monuments ne peuvent les aider dans leurs recherches à ce sujet. Cependant ils s'accordent tous à classer Étoile parmi les meilleures places de guerre du Valentinois, soit pendant les temps féodaux, soit à l'époque des guerres de religion. Dans ces temps de luttes perpétuelles et de combats incessants, le village d'Étoile fut pris et repris en différentes fois. Son château a joui d'une certaine célébrité : Louis XI, roi de France, l'habita pendant son séjour en Dauphiné. Après la mort de ce prince, ce château reçut une assemblée de toute la noblesse des alentours. Les seigneurs voulant se concerter pour aviser aux moyens de ressaisir le pouvoir féodal qui leur avait été enlevé, se fortifièrent dans ce manoir; mais le gouverneur, instruit de leurs projets, vint assiéger le château qui ne tarda pas à se rendre, et sa capitulation entraîna la ruine du parti féodal. La fameuse Diane de Poitiers, que la faveur de François Ier et celle de Henri II avaient élevée en si haut rang, et qui avait joint le titre de Diane d'Étoile à celui de duchesse de Valentinois, fit restaurer et embellir ce château, dans lequel elle se plaisait beaucoup. Cette demeure seigneuriale, qui rappelle tant de souvenirs historiques, est maintenant occupée par une fabrique de soie et par des moulins.

De la commune d'Étoile dépend le hameau dit de la *Paillasse*, bâti sur le penchant d'un coteau et entouré de murailles, dont la plus grande partie est démolie. La Paillasse est traversé par la route impériale n° 7. On y voit une colonne milliaire qui a été placée, l'an 147 de notre ère, sous le règne d'Antonin-le-Pieux.

LIVRON (Drôme),

CANTON DE LORIOL, ARRONDISSEMENT DE VALENCE.

Dix-septième station. — 4,022 habitants.

Livron est situé sur le penchant d'un coteau escarpé, d'où l'on découvre une belle plaine qui pourrait, tant elle est riante, être appelée jardin ; cette plaine se prolonge jusqu'à l'endroit où la Drôme, qui donne son nom au département, déverse ses eaux dans le Rhône : on a jeté sur cette rivière, auprès de Livron, un pont en pierre d'un beau travail et d'une construction très hardie. Une rencontre eut lieu sur ce pont, en 1815, entre les troupes, ou si l'on veut les volontaires royaux sous les ordres du duc d'Angoulême, et les soldats qui s'étaient rangés du parti de Napoléon.

L'origine de ce village est encore enveloppée du voile de l'obscurité. On ne connaît rien de positif sur son histoire jusqu'à l'époque où nous le voyons incendié, en 1345, lors de la guerre dite des *épiscopaux*, entre l'évêque de Valence et le comte de Valentinois. Depuis il fut réédifié, et il paraît même fortifié de nouveau, car au temps des troubles religieux qui marquèrent le xvie siècle, il était regardé comme l'une des places les plus importantes du Dauphiné.

Nous devons même relater ici que Livron a acquis, dans les luttes des catholiques et des protestants, une certaine célébrité.

Cette ville fut assiégée, lors des guerres religieuses, par le maréchal de Bellegarde et par Henri III en personne ; l'armée catholique fut repoussée. Livron était défendu par Dupuy-Montbrun.

Puisque nous sommes arrivés à l'embouchure de la Drôme, nous allons dire quelques mots de cette rivière, qui mériterait la qualification de torrent. La Drôme, en latin *Druna*, prend sa source dans une gorge des Alpes, près d'un village nommé *Val-Drome ;* dans son parcours, qui est d'environ 110 kilomètres, elle passe à Luc-en-Diois, à Die, à Pontaux, à Saillans, à Crest, et vient se jeter dans le Rhône. Nous croyons ne pouvoir mieux faire que de citer ici textuellement, au sujet de cette rivière, un extrait du *Dictionnaire géographique de la France*, dont les appréciations nous paraissent très justes : « La Drôme roule ses eaux capricieuses
» dans une vallée dont les divers bassins offrent, tour-
» à-tour, le tableau mouvant des aspects les plus pitto-
» resques et les plus nobles par le luxe de la végéta-
» tion, l'élégance et l'harmonie des lignes de l'horizon
» et des sites les plus sévères, par la rigidité et le dé-
» chirement des rochers et des hautes montagnes qui
» enferment la vallée. Cette rivière forme, dans le bas-
» sin qui porte son nom, deux lacs séparés par une
» chaussée naturelle. La Drôme n'est flottable que de-
» puis Luc-en-Diois jusqu'à son embouchure sur une
» étendue de 81,876 mètres. Elle sert particulière-
» ment au transport des bois provenant des forêts si-
» tuées sur son parcours. Ses principaux affluents sont
» le Bès, la Rohanne et la Sure. »

Pour la traversée de cette rivière, l'administration du chemin de fer a fait exécuter un viaduc qui a 120 mètres de longueur sur 80 centimètres d'épaisseur. Ce viaduc est pavé de marbre trouvé dans le pays. Non loin de là, on voit le pont de Bloussard, exécuté d'après un système anglais.

LE POUZIN (Ardèche),

CANTON DE CHOMÉRAC, ARRONDISSEMENT DE PRIVAS.

Onzième ponton. — 1,543 habitants.

Ce bourg est placé sur la rive droite du Rhône, au confluent de la Lourèze, et à 15 kilomètres de Privas, chef-lieu du département. Le Pouzin a eu jadis une certaine importance, et les restes de fortifications que l'on y voit encore debout, attestent que ce bourg a dû être une place forte. Pillé et incendié, en 1574, par le duc de Montpensier, le Pouzin fut reconstruit et assiégé par le duc de Montmorency, en 1628. Les habitants opposèrent une vigoureuse résistance ; mais ils furent obligés de se rendre après un siége de huit jours.

Le Pouzin est maintenant, à raison de sa position, un entrepôt de marchandises provenant de plusieurs départements voisins ; sous ce rapport il a une importance commerciale. Dans ce bourg, et dans celui de la Voutte, qui se trouve à quelque distance, il y a de grands établissements métallurgiques, qui donnent à ces deux villages une position industrielle bien supérieure à celle de beaucoup de villes plus considérables. Une route va du Pouzin à Privas et Aubenas.

LORIOL (Drôme),

CHEF-LIEU DE CANTON, ARRONDISSEMENT DE VALENCE.

Dix-huitième station. — 3,460 habitants.

Ce bourg, situé rive droite du Rhône, sur un côteau, à peu de distance de Livron, dont il est séparé par le pont dont nous avons parlé, à l'article qui concerne Livron, établit les communications entre les deux bourgs.

Loriol (en latin *Laureolum, Aureoli*) faisait jadis partie du diocèze et de l'élection de Valence, et dépendait du parlement et de l'intendance de Grenoble.

Quelques historiographes pensent que ce bourg, autrefois petite ville, était l'ancienne *Batiana*, dont il est question dans les itinéraires romains. Toutefois, ce point est très contestable et très litigieux. D'autres attribuent la fondation de Loriol à l'empereur Aurélien, qui lui aurait donné son nom, et l'aurait entourée de fortifications. Mais ce qui est certain, c'est que, pendant les guerres religieuses du xvie siècle, ce bourg a été pris et repris très souvent par les deux partis.

LA SAULCE ou SAUZET (Drôme),

CANTON DE MARSANNE, ARRONDISSEMENT DE MONTÉLIMART.

Dix-neuvième station. — 1,503 habitants.

Le village de la Saulce, ou Sauzet, est placé sur le point culminant d'une éminence, au dessus de laquelle on aperçoit les ruines d'un ancien château, que Louis XI a jadis habité, et d'où sont datés plusieurs édits rendus par ce monarque.

LE TEIL (Ardèche),
CANTON DE VIVIERS, ARRONDISSEMENT DE PRIVAS.

Douzième ponton. — 2,394 habitants.

Le Teil, placé sur la rive droite du Rhône, que l'on traverse sur un pont suspendu, est presque en face de Montélimart. Ce bourg est à 29 kilomètres de Privas, chef-lieu du département.

Quant à la partie historique, nous n'avons rien trouvé qui méritât d'être mentionné ; ou pour mieux dire, il ne paraît pas que le Teil ait joué un rôle important dans le passé. De nos jours, l'industrie y est représentée par la fabrication des toiles.

LA COUCOURDE (Drôme),
CANTON DE MARSANNE, ARRONDISSEMENT DE MONTÉLIMART.

Vingtième station.

La Coucourde dépend de la commune de Lachamps, dont la population est de 468 habitants.

Après avoir passé cette station, et sur le bord du Rhône, on voit, sur une longueur d'environ 4 kilomètres, un grand mur construit pour supporter le chemin de fer ; ce bel ouvrage de maçonnerie a 50,000 mètres de longueur. Non loin de là, on remarque le pont de l'Obignes qui a cinq arches de formes élégantes et solides.

LA TOURASSE (Ardèche),
CANTON DE VIVIERS, ARRONDISSEMENT DE PRIVAS.

Treizième ponton.

Ce ponton est d'une bien faible importance, il n'a

été créé que pour la desserte de Viviers et de ses environs.

VIVIERS (Ardèche),
CHEF-LIEU DE CANTON, ARRONDISSEMENT DE PRIVAS.
2,708 habitants.

Viviers (*Alba Augusta, Helviorum Vivarium*), petite ville fort ancienne, jadis comté et évêché, ressortant du parlement de Toulouse, de l'intendance de Montpellier, chef-lieu d'une justice royale et d'un gouvernement particulier, est aujourd'hui un simple chef-lieu de canton ; toutefois Viviers est encore le siége d'un évêché et possède le séminaire diocésain.

Une route tendant de Viviers à Alais en passant par Villeneuve-de-Bery, Barjac et Aubenas, se rencontre et s'embranche près de Joyeuse, avec une autre route qui part du pont Saint-Esprit et se dirige aussi vers Alais.

Au ve siècle, Viviers existait, mais n'avait pas une grande importance. Lorsque la ville d'Albe eût été détruite, l'an 420, Ausonius, qui était évêque de cette dernière ville, transféra son siége épiscopal à Viviers ; cette circonstance éleva ce bourg au rang de capitale du Vivarais.

Lors des guerres religieuses, en 1562, Viviers fut l'une des premières villes qui se rangèrent sous l'autorité du prince de Condé ; et cinq ans plus tard, les religionnaires s'assuraient de cette place. En 1568, et le 17 mai, Viviers, où commandait alors Saint-Aubin, ayant refusé d'effectuer sa reddition, malgré l'édit de pacification qui avait été promulgué, fut enlevé d'assaut. Saint-Auban, fait prisonnier, fut mis en jugement, condamné à une amende de 60,000 livres, et à avoir la tête tranchée. Les massacres de la Saint-Barthélemy (1572), fournirent à cette ville une occasion favorable pour arborer l'étendard de la révolte, mais comme elle n'était défendue que par une faible garnison, les catholiques s'en rendirent maîtres; bientôt après, les protestants la reprirent; enfin, les événements amenèrent sa soumission au roi, en 1577.

Ce fut dans la cathédrale de Viviers que Raymond, comte de Toulouse, vint faire hommage à l'évêque de cette ville d'un fief qu'il reconnaissait tenir de l'église. Il est vrai que le comte de Toulouse fut contraint à cet acte de soumission par les mauvais traitements qu'il avait reçus de ses adversaires, lesquels finirent par le dépouiller de toutes ses possessions.

Cette cathédrale est bâtie sur le sommet d'un rocher qui domine les environs; la nef est moderne, mais le chœur, ainsi que le clocher, appartiennent à l'architecture gothique. Le palais épiscopal est magnifique; on le cite même comme étant le plus beau qui existe en France, soit par ses dépendances, soit par son admirable situation. Le grand séminaire mérite aussi d'être remarqué; c'est un bel édifice de construction moderne. Nous ne terminerons pas cette notice sur Viviers sans mentionner l'observatoire du célèbre astronome Flaugergues.

MONTÉLIMART (Drôme),

CHEF-LIEU DE CANTON ET D'ARRONDISSEMENT.

Vingt-unième station. — 7,820 habitants.

Montélimart, autrefois ville du Bas-Valentinois, chef-lieu d'une élection, siége d'une sénéchaussée, est aujourd'hui sous-préfecture dans le département de la Drôme.

Cette ville, située à peu de distance du Rhône, au confluent des deux rivières le *Roubion* et le *Jabron*, est dans une bonne position favorisée par un terrain tertiaire moyen, arrosé par les deux ruisseaux que nous venons de nommer; ce qui procure une belle et abondante végétation, dont la fraîcheur et la variété rappellent au voyageur quelques uns des sites qu'il a rencontrés et admirés dans le cours du voyage de Lyon à Paris. La pente du sol est douce; elle se dirige vers l'ouest et se termine vers le Rhône. Le *Roubion* et le *Jabron* se divisent en plusieurs canaux, lesquels sont utilisés soit à l'irrigation, soit comme force motrice par diverses fabriques. Au point de jonction de ces deux ruisseaux, on a jeté un pont d'une construction fort belle. Le duc d'Angoulême livra un combat sur ce pont, en 1815.

Montélimart a le passage de la route impériale n° 7; cette route, dans le parcours de la ville, est pavée en basalte. La ville est bien percée, mais les constructions manquent de régularité. Autrefois, elle était entourée de murailles; les portes existent encore et sont au nombre de quatre, dont chacune est dans la direction d'un des quatre points cardinaux. Aucun monument, aucun édifice ne mérite d'être remarqué.

Il faut remonter à une haute antiquité pour trouver l'époque de la fondation de Montélimart. Quelques auteurs pensent que ce fut jadis l'*Acusio Colonia*, placée dans cette localité par les anciens géographes qui, cependant, ne précisent rien quant à la situation de l'*Acusio Colonia*. Plus tard, cette ville prit le nom de *Monteil*, lequel, en se confondant avec celui d'*Adhémar* (l'un des seigneurs de la ville, et auquel les habitants durent leur affranchissement, en 1198), a produit la dénomination de Montélimart.

Le vieux château, que l'on nomme la citadelle, est dans un bon état de conservation. Cependant sa construction n'a pas coûté beaucoup de dépenses, et l'art n'y a pas laissé beaucoup de ses traces. Au nord de ce château se trouve une tour carrée, qui a encore 27 mètres de hauteur. L'ancien donjon, autrefois flanqué de tours, a été fortifié d'après le système moderne, et sur les desseins fournis par M. le chevalier Deville. De nos jours, ce bâtiment a été affecté à la maison de correction.

Les événements qui tiennent la plus grande place dans l'histoire de Montélimart, sont ceux qui se passèrent dans le xvie siècle. Cette ville fut l'une des premières à adopter la réforme, et aussi l'une de celles qui eurent le plus à souffrir des querelles de religion qui marquèrent cette époque. Les protestants s'en rendirent maîtres en 1562 ; ils détruisirent les églises, et étendirent les fortifications. A quelque temps de là,

Montélimart tombait au pouvoir de Gorde ; puis, après la bataille de Montcontour, l'amiral de Coligny vint assiéger cette ville, mais il fut obligé de se retirer, à la suite d'une sortie que firent les femmes, commandées par une nouvelle Jeanne Hachette, nommée Margot Delaye. On voit encore aujourd'hui sur le rempart qui fut le théâtre des exploits de cette héroïne, la statue que lui érigea la reconnaissance de ses concitoyens.

Après Coligny, vint Lesdiguières qui, plus heureux, réussit à s'emparer de Montélimart, en 1585. Deux ans plus tard, le comte de Suze reprenait la ville sur les huguenots, après une défense opiniâtre, suivie d'un horrible carnage. Enfin, les protestants parvinrent à en chasser les ligueurs, mais on peut dire qu'ils ne restèrent maîtres que d'une ville entièrement dépeuplée et presque détruite.

Parmi le nombre assez grand de personnages célèbres dans les sciences et les lettres, qui ont reçu le jour à Montélimart, nous citerons *Aymar de Pontaymery*, *F. Barry, Boisset, Job Aimé, Foujax de Saint-Fond*, *Frécynet, Menuret de Chambaud*, et *A. E. de Genoude*, qui était rédacteur de la *Gazette de France*.

Cette ville est avantageusement dotée sous le rapport industriel. On y fabrique des soies ouvrées, de la serge, de la ratine et de la bonneterie ; il s'y fait aussi beaucoup d'ouvrages en vannerie. Il y a des filatures de coton, des tanneries, des maroquineries, des tuileries et des fours à chaux. Le nougat de Montélimart, très renommé, est un objet de spéculation fort étendu ; il se fait aussi un commerce considérable sur les grains, les farines, les légumes, l'huile d'olive et l'huile de noix; sur les soies ouvrées, les bestiaux, etc., etc.

Il existe au *Boudoneau*, l'un des quartiers de Montélimart, une source d'eau minérale gazeuse, d'une assez grande abondance, et dont les propriétés curatives ont été reconnues par l'expérience depuis fort longtemps.

CHATEAU-NEUF-DU-RHONE (Drôme),
CANTON ET ARRONDISSEMENT DE MONTÉLIMART.

Vingt-deuxième station. — 1,450 habitants.

Ce village, situé presque en face de Viviers, sur la rive gauche du Rhône, et à peu de distance de ce fleuve, n'est éloigné de Montélimart que de 8 kilomètres; sa position, au bas d'un coteau, le rend agréable et pittoresque.

Il existait à Château-Neuf-du-Rhône des murailles défendues par deux châteaux-forts placés de chaque côté du défilé qui sert d'entrée au pays. Une tradition assigne à ce village une origine très reculée, et prétend qu'il couvre l'emplacement occupé par une ancienne ville détruite jadis par les Sarrasins, et l'on va jusqu'à dire que l'on distingue encore l'enceinte de cette cité. Aux environs et dans la direction du Rhône, on trouve la fontaine de Montérol, laquelle, assure-t-on, a été construite par les Romains.

Château-Neuf est la patrie du marquis de Courbon, lieutenant-général des armées de Venise.

Il se tient dans ce village deux foires annuelles;

l'une, le 6 juillet, instituée par décret du 22 avril 1854 : l'autre, le 18 août.

DONZÈRE (Drôme),

CANTON DE PIERRE-LATTE, ARRONDISSEMENT DE MONTÉLIMART.

Vingt-troisième station. — 1,774 habitants.

Le village de Donzère, traversé par la route impériale n° 7, est situé sur la rive gauche du Rhône, et non loin de ce fleuve ; il est dominé par un monticule au sommet duquel on aperçoit les ruines majestueuses d'un ancien château bâti dans le XVe siècle, et qui appartenait aux évêques de Viviers. Tout près de là, se trouvent un petit hermitage et un télégraphe dépendant de la ligne de Toulon. Du haut de cette montagne, la vue peut s'étendre sur un vaste horizon ; on découvre tous les villages qui, du côté sud, commencent le département de Vaucluse, et on peut suivre les diverses courbes que décrit le Rhône dans son rapide cours. Une grotte d'une étendue remarquable se trouve dans le voisinage du Rhône, et au milieu de roches à pic. Les environs de Donzère sont garnis de vignobles, et les vins de ce territoire jouissent d'une juste réputation.

Ce bourg a vu naître *Lebrun-Tossa*.

Le commerce des vins est la spécialité du trafic qui se fait dans cette commune.

BOURG-SAINT-ANDÉOL (Ardèche),

CHEF-LIEU DE CANTON, ARRONDISSEMENT DE PRIVAS.

Quatorzième ponton. — 4,535 habitants.

A 52 kilomètres de Privas, chef-lieu de l'arrondissement et du département, le bourg Saint-Andéol est situé sur la route de Lyon à Beaucaire, et sur la rive droite du Rhône que l'on traverse sur un pont suspendu. Ses environs sont bien cultivés; ils offrent un aspect pittoresque et très agréable. Mais les spécialités dominantes des produits de ce territoire, soit des coteaux, soit de la plaine, se composent des vignes, des mûriers et arbres fruitiers.

Le bourg Saint-Andéol est très ancien, et s'il faut en croire la tradition populaire, l'époque de sa fondation remonterait au IIIe siècle de notre ère; vers ce temps Saint-Andéol aurait reçu en ce lieu la palme du martyre, pendant la persécution ordonnée par l'empereur Septime-Sévère. Le bourg, alors ville, portait le nom de *Gentibus*, qui lui fut conservé jusqu'en 855, époque où furent trouvées les reliques de Saint-Andéol, dont le nom fut donné à ce bourg : de là provient la dénomination de bourg Saint-Andéol.

En 1562, cette petite ville fut prise par les protestants que commandait le baron des Adrets. Les catholiques la reprirent peu de mois après; mais en 1577, elle retomba au pouvoir des protestants.

A peu de distance du bourg de Saint-Andéol, près de la fontaine de *Tournes*, on trouve une grotte taillée dans le roc vif, et située entre deux gouffres profonds. Cette grotte curieuse renferme un monument remarquable ; c'est un temple du dieu Mithra (1). On voit encore dans ce temple un autel sur lequel plusieurs figures sont sculptées en relief ; l'une de ces figures représente un jeune homme vêtu d'une draperie légère, et dont la tête est couverte d'une sorte de bonnet que les Perses appelaient une tiare. Ce jeune homme saisit de ses mains les cornes d'un taureau qu'il s'efforce de dompter, et déjà il lui a fait plier les deux jarrets de devant. Un chien s'élance et se dresse sur le cou du taureau ; entre les pieds de celui-ci, on aperçoit un scorpion, et au dessous un grand serpent qui rampe. Au dessus et à droite de la tête du jeune homme, on remarque une tête entourée de neuf rayons, laquelle représente le soleil ; à gauche, est une autre tête déformée par le temps, mais à laquelle on peut encore distinguer de grandes cornes. On pense que c'est l'effigie de la lune. Enfin, au bas de l'autel, se voit une espèce de cartouche où jadis a dû se lire une inscription, dont il reste aujourd'hui peu de caractères distincts.

Non loin de l'église du bourg, et au côté nord, on

---

(1) Chez les Perses, Mithra était l'emblême du soleil, de la fécondité, de la force génératrice des êtres. Ses temples étaient toujours placés auprès des sources d'eau vive, qui forment l'un des agents principaux de la végétation. Il est à peu près établi, par plusieurs dissertations, que ce monument avait été réellement consacré à Mithra ; les mystères du culte de ce Dieu se célébraient dans des antres profonds.

voit aussi un tombeau romain, en marbre blanc veiné de bleu, sur lequel on peut lire l'inscription suivante:

TIB. IVLI VALERIAN

O. ANN. V. M. VII. D. VI.

IVLIVS CRANTOR. T.

TERENTA. VALERIA

FILIO DVLCISSIMO.

L'industrie du bourg Saint-Andéol consiste principalement en filatures de soie, que l'on y trouve en assez grand nombre. Il s'y fait un commerce assez important sur les grains, farines, vins et spiritueux, huiles d'olive, et sur la plupart des productions du Midi. Ce bourg est aussi un entrepôt de grains tirés de la Haute-Saône, du Doubs et de la Côte-d'Or. Le bourg Saint-Andéol a vu naître plusieurs personnages célèbres, notamment le fameux médecin Combalusier, C.-N. Madier de Montjaud, membre de l'Assemblée constituante de 1848, et Paulin Madier de Montjaud, conseiller à la Cour impériale de Nîmes.

PIERRE-LATTE (Drôme),
CHEF-LIEU DE CANTON, ARRONDISSEMENT DE MONTÉLIMART.

Vingt-quatrième station. — 3,430 habitants.

Pierre-Latte (*Petra lata*), faisait jadis partie du diocèse de Saint-Paul-Trois-Châteaux, dépendait de l'élection de Montélimart, du parlement et de l'intendance de Grenoble. Ce village est bâti au pied d'un rocher, au sommet duquel on voit les ruines d'un vieux château-fort que le baron des Adrets assiégea, en 1562, et dont il s'empara, malgré la résistance vigoureuse qu'on lui opposait. Fidèle à ses habitudes de cruauté, le baron vainqueur fit précipiter, du haut des murs du château, les soldats qui en composaient la garnison, et passer au fil de l'épée les habitants du bourg.

Un canal d'irrigation, de 40 kilomètres de longueur, lequel commence à Château-Neuf et finit à Caderousse, traverse le territoire communal de Pierre-Latte. La route impériale n° 7, de Paris à Antibes, passe aussi à Pierre-Latte.

LA PALUD (Vaucluse),
CANTON DE BOLLÈNE, ARRONDISSEMENT D'ORANGE.

Vingt-cinquième station. — 2,493 habitants.

La route impériale n° 7 traverse le bourg de La Palud, qui est la première station que l'on trouve sur le département de Vaucluse, et n'est éloigné d'Orange que de 24 kilomètres. Quoique ce bourg ait été jadis entouré de murailles, il n'offre rien de remarquable. Il est situé dans la plaine. Le duc d'Angoulême a séjourné à La Palud, en 1815, lorsqu'il opéra sa retraite par le Pont-Saint-Esprit.

A peu de distance de La Palud, se trouve l'endroit appelé *La Croisière*, c'est-à-dire l'embranchement de la route de Pont-Saint-Esprit et de Sisteron.

LA CROISIÈRE.
Vingt-sixième station.

Nous venons de parler de cet endroit, où l'on n'a établi la station du chemin de fer que pour la commodité des voyageurs du Pont-Saint-Esprit ou de Bollène, chef-lieu de canton ; Bollène étant un peu sur la gauche et sur la route de Sisteron.

PONT-SAINT-ESPRIT (Gard),
CHEF-LIEU DE CANTON, ARRONDISSEMENT D'UZÈS.
Quinzième ponton. — 5,239 habitants.

Cette petite ville, à 33 kilomètres d'Uzès, est dans une situation agréable sur la rive droite du Rhône, que l'on traverse sur un vieux et long pont en pierre. La hardiesse et l'élévation de ce pont paraissent encore plus prodigieuses lorsqu'on songe aux obstacles qu'il a fallu vaincre pour sa construction, dans cet endroit où le cours du fleuve est si rapide. Il fut commencé en 1265, sous le règne de saint Louis, et achevé sous celui de Philippe-le-Bel, en 1309. Grace à sa solidité, il a traversé cinq siècles sans qu'aucun débordement du Rhône ait pu le renverser. Il est de l'architecte Péronnet, et se compose de vingt-trois arches à plein cintre, dix-neuf grandes et quatre petites. Sa longueur est de 480 mètres, et sa largeur de 4 mètres 35 cent. Les deux tiers de ses fondations reposent sur le roc, et le reste sur pilotis. Une particularité de sa construction, c'est qu'il n'est point en ligne droite ; il forme, au contraire, une courbe très sensible. Il y a environ un demi-siècle, le peu de largeur de ce pont formait obstacle à ce que deux voitures pussent y passer de front ; de sorte que celle qui se trouvait sur une rive était obligée d'attendre que celle venant de la rive opposée eût passée le pont, pour le traverser à son tour. Aujourd'hui, des encorbellements pratiqués sur chacune des piles, ont fait disparaître cet inconvénient ; les voitures peuvent se croiser sur le pont, sans aucune espèce de danger.

Les rues de Pont-Saint-Esprit sont tortueuses, étroites et malpropres. Cette petite ville possède une ancienne citadelle, que Louis XIII avait fait construire pour contenir les protestants ; cette citadelle a été plusieurs fois assiégée. Au surplus, les guerres de religion ont laissé, dans cette contrée, bien des traces funestes et bien des désastres à réparer. Ce pays avait déjà été ruiné et saccagé, au moyen-âge, par les bandes de brigands qui portaient le nom de *routiers*.

Si l'intérieur de Pont-Saint-Esprit est peu agréable, il n'en est pas de même de l'extérieur. La ville est entourée d'une ceinture de boulevards complantés d'arbres ; cette plantation, disposée avec ordre et symétrie, produit un effet pittoresque, qu'une magnifique fontaine, un beau lavoir et une caserne complètent avantageusement. Les environs où l'on trouve quelques accidents de terrain, sont aussi très beaux. La culture et la végétation commencent à se ressentir de l'influence du soleil méridional ; on voit déjà paraître les figuiers et les oliviers.

La ville n'a pas toujours porté le nom de *Saint-Esprit*. Avant la construction du pont, elle était appelée *Saint-Savournin*. Lorsque le pont eût été bâti, c'est-à-dire vers le xiiie siècle, elle changea la dénomination qu'elle portait alors pour celle d'aujourd'hui. Le pont et la ville de Saint-Esprit donnent passage à la route de Lyon à Beaucaire, qui, à Remoulins, s'embranche avec celle tendant à Nîmes et à la route d'Uzès.

Une autre route, passant par Borjac, se dirige sur Joyeuse et se prolonge jusqu'à Genolhac, où elle se croise avec la route tendant de cette dernière ville à Alais.

Le port que la ville de Saint-Esprit possède sur le Rhône, favorise le commerce qui se fait principalement sur les vins, les huiles, la soie, etc. Les deux marchés qui s'y tiennent chaque semaine, les mardis et samedis, approvisionnent les Cévennes et une grande partie du Vivarais.

Comme c'est à peu de distance de Saint-Esprit que l'Ardèche vient se jeter dans le Rhône, nous placerons ici une courte notice sur cette rivière.

L'Ardèche prend sa source dans les Cévennes, non loin de l'endroit où la Loire prend la sienne, et au lieu appelé Cap d'Ardèche, lequel est situé sur le territoire du département auquel cette rivière donne son nom. On ne compte pas moins de trente-six petits ruisseaux qui, de cascades en cascades, se précipitent du haut des pics les plus élevés de ces montagnes, pour se réunir dans les bas-fonds du Vivarais. Mais de toutes les cascades que forment ces ruisseaux, la plus remarquable est celle que forme l'Ardèche elle-même, au lieu appelé le *Ray-Pic*, et après qu'elle a reçu les ruisseaux ses affluents. La roche basaltique, point de départ de la cascade, se trouve à 40 mètres d'élévation au dessus du bassin creusé par la chute continuelle des eaux. Si cette cascade est d'un effet pittoresque durant la saison d'été, le coup d'œil, en hiver, n'en est pas moins remarquable. La congélation de l'eau se produit d'abord au fond du bassin ; puis à mesure que l'intensité du froid augmente, la glace monte jusqu'au rocher où se trouve le point de départ de la chute, ce qui produit une colonne de cristal d'un effet admirable et indescriptible.

Mais le dégel de ces glaces a son côté désagréable ; il est désastreux pour les contrées placées aux environs du fond du bassin ; quand le dégel arrive, les eaux entraînent, dans leur course, les arbres et les habitations.

Non loin de ce lieu, un pont naturel est jeté sur l'Ardèche ; on le nomme pont de l'Arc, et il passe pour l'une des curiosités que la France possède en ce genre. Ce pont n'est composé que d'une seule et immense arcade, laquelle a 30 mètres de hauteur, sur 60 mètres environ de longueur d'une culée à l'autre. Il est formé par un banc de marbre grisâtre d'environ 13 mètres d'épaisseur, lequel coupe transversalement la rivière, très resserrée en cet endroit. Depuis un temps immémorial, ce pont sert de passage à la route qui conduit des Cévennes au Vivarais. Tout auprès de ce pont, lequel jadis était défendu par de redoutables fortifications qui furent démolies sous Louis XIII, on trouve des cavernes remplies de coquillages et de stalactites. Ces cavernes servirent de retraite aux religionnaires, au temps des guerres du XVIe siècle ; la tradition ajoute qu'il s'y commit d'horribles cruautés.

Ce n'est qu'aux environs de Saint-Alban que l'Ardèche commence à être une rivière de quelque importance ; c'est là qu'elle a reçu, pour affluents, la *Beaume* et le *Chanezac*. Après avoir traversé plusieurs bourgs et villages, elle va se perdre dans le Rhône, à 2 kilomètres de Saint-Esprit. Son cours est à peu près de 72 kilomètres ; au dessus du village de Magres, elle est flottable pour les bûches perdues ; au dessous du pont d'Aubenas, elle porte des trains de bois, et ne devient navigable qu'à Saint-Martin-d'Ardèche, à 8 kilomètres environ de son embouchure.

MONTDRAGON (Vaucluse),
CANTON DE BOLLÈNE, ARRONDISSEMENT D'ORANGE.

Vingt-septième station. — 2,595 habitants.

Montdragon, *Mons Draconis*, est au pied des montagnes qui se rapprochent et s'étendent le long de la rive gauche du Rhône. Les guerres religieuses du xvie siècle ont laissé dans ce village, de même qu'en beaucoup d'autres localités, des traces de leurs désastres et les plus tristes souvenirs. Chaque victoire, chaque défaite, quel que fût le parti vainqueur ou vaincu, ont été marquées par toutes sortes de sévices et de fureurs.

Entre Montdragon et Mornas, dont nous parlerons tout à l'heure, au quartier appelé Saint-Loup et sur les bords du Valladas, la pioche des ouvriers occupés aux travaux du chemin de fer, a rencontré les fondements de plusieurs murailles très épaisses. On a trouvé dans ce même lieu une assez grande quantité de débris de poteries ; l'un de ces débris renfermait une médaille d'argent marquée des deux côtés d'une simple croix. Quelques ossements humains en bon état de conservation, ont été aussi mis à découvert; ils étaient encaissés dans des pierres plates et carrées, semblables à peu près aux briques sarrasines.

La tradition locale était restée jusqu'alors muette sur les anciennes destinées de Saint-Loup, de même que sur ces vestiges des temps passés. La pelle des travailleurs a utilisé ces débris au remblais du chemin de fer, quoique ces reliques humaines méritassent plus de respect. Une découverte, que l'on peut regarder comme venant trop tard, a jeté quelque jour sur les événements dont Saint-Loup a jadis été le théâtre. Un évêque d'Orange, nommé Arnulphe, atteint d'une horrible maladie, la lèpre, et se trouvant ainsi hors d'état d'exercer ses fonctions pastorales, se retira dans un lieu désert situé entre Mornas et Montdragon; il y fit bâtir une maison et une chapelle qu'il dédia à Saint-Loup. Ce fut dans cette solitude qu'il termina ses jours, en l'an 1200 de notre ère.

MORNAS (Vaucluse),
CANTON DE BOLLÈNE, ARRONDISSEMENT D'ORANGE.

Vingt-huitième station. — 1,715 habitants.

Mornas, en latin *Morenetum* ou *Mornasium*, paraît remonter, par son origine, à l'époque de la domination romaine. Ce village, placé sur la rive gauche du Rhône, était jadis entouré de murailles, et avait, pour surcroît de défense, un château-fort dont les ruines se voient encore de nos jours. Ce fut du haut des murs de ce château que le baron des Adrets contraignait les habitants et les soldats catholiques à se précipiter sur les piques et les lances de ses soldats rangés au pied de la tour.

Un souvenir, ou plutôt un débris du culte païen, subsiste encore à Mornas ; c'est un petit temple consacré jadis à Diane ; il se trouve enclavé dans la chapelle des pénitents, mais il n'en reste plus qu'une corniche.

De l'église de Mornas, bâtie sur un endroit assez élevé, on jouit d'un point de vue magnifique et très étendu.

La route impériale n° 7 traverse ce village, dans lequel on trouve quelques filatures de soie.

PIOLENC (Vaucluse),
CANTON ET ARRONDISSEMENT D'ORANGE.

Vingt-neuvième station. — A 7 kilomètres d'Orange. — 1,911 habitants.

Piolenc avait pour nom, en latin, *Podiolenum*. Ce village, traversé par la route impériale n° 7, ne renferme rien qui soit digne d'être mentionné. Piolenc, qui a conservé ses anciennes murailles, est situé au pied d'un rocher sur la cîme duquel on aperçoit les ruines d'un ancien château. Ce village a vu naître le lieutenant-général vicomte Corsin.

ORANGE (Vaucluse),

CHEF-LIEU DE CANTON ET D'ARRONDISSEMENT.

Trentième station. — 8,633 habitants.

Cette ville est dans une belle position ; elle s'étend et se développe au milieu d'une plaine magnifique, arrosée par divers petits ruisseaux, et de plus par la rivière appelée l'*Aigues*. Les rues d'Orange sont étroites, mal percées ; cependant on y trouve d'assez belles constructions et de jolies fontaines qui donnent une eau excellente. La route impériale n° 7 traverse Orange, et y reçoit l'embranchement de la route départementale d'Avignon à Carpentras.

Il est parlé de cette ville dans les ouvrages de trois anciens auteurs, *Strabon*, *Pline* et *Pomponius Méla*, qui la désignent sous les noms d'*Arausica*, *Aurosio*, *Civitas-Aurosione;* les deux derniers de ces auteurs ajoutent à ces dénominations l'épithète de *secundanorum*. Une inscription que l'on a trouvée donnait à Orange la qualification de *Colonia Julia Secundanorum*.

D'après les mesures de la table de *Peutinger* et de l'itinéraire de Jérusalem, il y aurait identité de position entre l'ancienne *Aurosio* et Orange. Ptolomée dit qu'Orange était l'une des quatre villes du peuple *Cavare*. Quoi qu'il en soit, il est certain que cette ville, qui demeura plusieurs siècles sous la domination romaine, garde encore, de nos jours, quelques monuments qui, par le grandiose et la richesse de leurs lignes architecturales, prouvent, d'une manière authentique, son antiquité, du reste irrécusable. Orange avait été assigné, pour résidence, au dépôt des vétérans de la deuxième légion. Au temps des Celtes, la ville était bâtie sur la montagne. Plus tard, et lorsqu'elle descendit dans la plaine, on l'entoura d'une ceinture de solides remparts dont la circonférence embrassait une étendue de 5,000 mètres. On y construisit un théâtre, un cirque, un champ-de-mars, un capitole, des bains, etc., etc.

Embellie par les Romains, cette ville, au temps de l'invasion des Barbares, fut prise successivement d'abord par les Bourguignons, et après eux par les Visigoths. Ces derniers en furent expulsés par les rois de France de la première race, appelés Mérovingiens. Ceux de la deuxième race l'occupèrent aussi, et furent troublés dans leur possession par les Sarrasins.

Le premier des princes d'Orange, Guillaume du Cornet, préserva la ville de la destruction dont la menaçaient ces étrangers ; il chassa même un de leurs chefs qui s'en était rendu maître ; en récompense de ses exploits et de ses services, Charlemagne lui confia le gouvernement d'Orange, l'an 793 de notre ère. Une princesse Tiburge, issue de la première race des princes d'Orange, releva les murailles de la ville et l'entoura de trois grands faubourgs. Mais les guerres continuelles qui vinrent ensuite, détruisirent ces différentes restaurations et firent disparaître ces embellissements.

En 1561, les Calvinistes s'emparèrent d'Orange, que les catholiques reprirent le 16 mai 1562. Ceux-ci en furent chassés à leur tour, au mois de septembre suivant ; ils revinrent à la charge, mais peu de temps après ils furent obligés de l'abandonner aux protestants, lesquels, cette fois, usèrent de terribles représailles, sous prétexte de nombreux méfaits commis à leur égard et envers leurs partisans. Dans la suite et en vertu des traités de Nimègue et de Riswick, Louis XIV s'empara d'Orange, et immédiatement il fit raser la citadelle.

Ainsi que nous l'avons énoncé plus haut, Orange prit le titre de principauté. Cette principauté, fondée par Charlemagne en faveur de Guillaume du Cornet, passa successivement à trois puissantes familles, qui tinrent tête : la maison des Baux, aux rois de Provence ; celle de Châlon, à François Ier ; enfin celle de Nassau, à Louis XIV. A travers cette longue suite de siècles, et ces changegements de possesseurs, Orange a vu se détruire, peu à peu, la plus grande partie des monuments qui l'embellissaient. Chacune des invasions qu'elle a subies, lui a enlevé quelques uns de ses beaux et anciens édifices. Elle fut saccagée tour-à-tour par le fameux Gaulois Vercingétorix, par Crochuis, roi des Allemands ; par les Goths, qui débordèrent, comme un torrent, sur l'Italie et sur l'Espagne ; par les Sarrasins, par le comte de Beaufort, par les Calvinistes, et mutilée enfin, et en dernier lieu, par la politique de Louis XIV. Aussi maintenant tous ses monuments ont-ils disparu. Son capitole, renversé, fut compris dans la forteresse qui s'éleva au moyen-àge, et que le siècle du grand roi devait faire tomber. Ses bains sont en ruines, ses arènes affaissées au niveau du sol. Un théâtre romain et un arc-de-triomphe restent seuls debout au milieu de ces débris, ou plutôt de ce cimetière de monuments où l'historien peut cependant trouver des vestiges, et le fil qui peut diriger sa marche dans le labyrinthe du passé.

Nous n'entreprendrons pas de faire la description détaillée de ces deux monuments tant de fois séculaires ; car cette description nous entraînerait bien au-delà des limites que nous avons fixées à cet opuscule ; cependant, il nous est impossible de résister à la tentation et de n'en pas dire quelques mots.

L'arc-de-triomphe se trouve sur le passage de la route impériale n° 7, de Paris à Antibes, un peu avant l'entrée de la ville et au nord. Sa hauteur est de 19 mètres 30 centimètres, sa longueur de 19 mètres 50 centimètres, et sa largeur de 8 mètres 50 centimètres. Il est formé de trois arcades que séparent quatre colonnes d'ordre corinthien et cannelées. Les arcades latérales sont plus petites que celles du centre. Des deux côtés de sa large façade, sur la frise et au dessus, jusqu'au grand stylobate des gladiateurs, on distingue des boucliers sur lesquels sont gravées des inscriptions presque complètement effacées et illisibles, des faisceaux et trophées d'armes, des instruments de marine, divers ustensiles du culte païen, tels que le bâton augural, la patère, le *cympulum*, le *profericulum* et *l'aspergille*, le tout gravé sur la pierre avec un art inimitable. Le relief de la face latérale occidentale est en partie effacé ; mais sur la face latérale qui regarde l'Orient, on voit représentés des captifs ; et l'œuvre est si parfaitement exécutée, que la honte et la douleur se révèlent dans leur physionomie et dans l'attitude humiliante que l'artiste a su leur donner. Le père de l'historien d'Orange, La Pise, dit qu'il a vu distinctement au dessus de ce relief, le nom de Teutobochus, parfaitement lisible. Plus haut sont des faisceaux d'armes, des gladiateurs, des sirènes et une tête de Phébus, environnée de rayons et d'un cercle étoilé. Le grand stylobate de cette face est complètement nu. Mais sur le stylobate de la large façade sont gravées des batailles ; une mêlée terrible et meurtrière, le tumulte du combat, les chevaux effarouchés, les blessés qui semblent exhaler leur plainte suprême, et sur la poitrine desquels le vainqueur pose un pied sanglant.

Ce même monument dont l'extérieur est empreint d'un caractère martial et d'une physionomie toute romaine, laisse voir, dans son intérieur, des tableaux tout différents, qui retracent l'image de la paix et des arts qu'elle favorise ; le progrès que les arts avaient atteint à cette époque, se montre distinctement dans les fleurs gracieuses qui s'entrelacent aux archivoltes des arceaux et dans la richesse des voûtes de ce superbe monument.

Jusqu'à ce jour, les savants ont différé d'opinion sur l'époque de la construction de cet arc-de-triomphe et sur le nom de son fondateur. La tradition vulgaire l'attribue à Marius ; Letbert, à Jules César. Une réunion de savants de premier ordre, décida, vers le commencement du xviie siècle, que ses fondateurs furent *Do-*

mitien *OEnobarbus*, *Fabius Maximus* et *Sexius*. Nous n'essayerons pas de concilier ces diverses conjectures plus ou moins fondées, laissant aux touristes et à nos lecteurs à se ranger à l'une ou l'autre de ces opinions.

Il nous reste à parler du *Cirque* ou *Théâtre*. Son enceinte était adossée à la montagne ; elle était entourée jadis de plusieurs rangs de voûtes soutenant quatorze gradins qui plongeaient dans une vaste scène de 60 mètres de largeur, sur une profondeur de 60. Au fond, et en face se trouvait le *proscenium*, splendidement décoré de statues, de mosaïques et de colonnes corinthiennes. A droite et à gauche, régnaient les *episcenia*, ou bâtiments latéraux, dont la destination était de préparer les jeux, de servir de logement aux acteurs ; et dans le cas de pluie, les spectateurs y trouvaient un abri.

Toutes ces divisions sont encore parfaitement reconnaissables, mais le théâtre est dépouillé de tous les ornements qu'il possédait autrefois. La façade septentrionale à laquelle on donne diverses appellations, et nommée *Forum* par les uns, par les autres *Naumachie*, attire l'attention et provoque l'admiration par les proportions gigantesques de son rectangle, qui a 55 mètres de hauteur sur 148 de longueur. Cinq grandes lignes d'architecture, séparées l'une de l'autre par une corniche, décorent ce vaste mur. Au rez-de-chaussée, il y a une grande porte et neuf arceaux de chaque côté: chacun des arceaux est séparé de l'autre par des pilastres doriques. Ceux de la porte d'entrée seulement sont corinthiens avec chapiteaux de marbre blanc. Une double rangée de grandes pierres carrées et saillantes figurait la corniche supérieure ; quelques unes de ces pierres étaient percées de trous coniques, destinés à soutenir les mâts ; à ces mâts étaient attachées les tentes, appelées *Velaria*. D'autres détails sont perdus par suite de l'état de délabrement dans lequel était tombé ce monument, lequel a été restauré depuis peu.

Le porche de l'église de Notre-Dame, qui était ci-devant cathédrale, mérite aussi d'être remarqué. Ce porche remonte au temps de Charlemagne.

La ville d'Orange présente encore à l'œil du voyageur les restes de ses anciens remparts, et les ruines de son château-fort, que Louis XIV fit démolir.

Cette ville a eu longtemps un siége épiscopal, fondé, dit-on, par saint Eutrope, l'un des disciples de Jésus-Christ. Ce siége avait une grande célébrité dans les premiers siècles de l'ère chrétienne. Parmi le grand nombre de prélats illustres qui l'ont occupé, nous citerons Constancius et saint Florent. Quatre conciles se sont tenus à Orange ; en 441, 501, 529 et 1229. Le troisième (celui de 529), fut le plus important de tous. Saint Césaire le présida. On y agita et l'on y décida de graves questions, notamment sur la *grâce* et sur le *libre arbitre*.

COURTHESON (Vaucluse),
CANTON DE BÉDARRIDES, ARRONDISSEMENT D'AVIGNON.

Trente-unième station. — A 20 kilomètres d'Avignon. — 3,363 habitants.

Le bourg de Courtheson, traversé par la route impériale de Paris à Antibes, est situé sur un sol agréable et fertile, à peu de distance d'un ancien lac d'eau salée, transformé de nos jours en marais salant.

Il y a des filatures de soie, et on y fabrique la garance. Nous n'avons pu trouver aucun document historique relatif à cette commune.

BÉDARRIDES (Vaucluse),
CHEF-LIEU DE CANTON, ARRONDISSEMENT D'AVIGNON.

Trente-deuxième station. — 2,420 habitants.

La position topographique de ce bourg est tout à la fois riante, fertile et riche ; plusieurs rivières qui parcourent le sol, arrosent et favorisent de belles et agréables prairies. Bédarrides est placé au milieu de ce jardin champêtre, sur la rive droite de l'Ourèze, près du confluent d'une autre rivière appelée l'Ozeille et dans le voisinage de plusieurs canaux. On traverse l'Ourèze sur un très beau pont.

Il y a dans ce bourg plusieurs moulins à garance.

SORGUES (Vaucluse),
CANTON DE BÉDARRIDES, ARRONDISSEMENT D'AVIGNON.

Trente-troisième station. — 3,645 habitants.

Sorgues, très avantageusement situé sur les bords de la rivière dont il porte le nom, est assez bien bâti. Les environs en sont charmants, et la rivière les favorise d'une riche et brillante végétation. Un vieux pont de quatre arches, donne passage à la route impériale d'Antibes ; ce pont, qui a peu de largeur, est construit sur deux alignements différents.

Autrefois, le bourg de Sorgues était environné de murailles ; il avait jadis un château, dont il reste encore quelques ruines et deux tours ; il avait été bâti par les papes, au xive siècle.

L'industrie a pour représentants, à Sorgues, diverses spécialités qui, réunies, ont assez d'importance ; fabriques de garance, filatures de soies et papeteries en composent les branches principales. Les vins de ce cru jouissent d'une certaine réputation. Mais ce qui donne à ce pays une plus grande renommée que ses vins et ses autres produits agricoles, c'est la beauté remarquable de la généralité des femmes qui l'habitent. Un profil grec, d'une régularité parfaite, des lèvres de corail, des dents d'une blancheur éblouissante, des yeux noirs et larges qui rappellent ceux des Siciliennes, composent un ensemble de physionomie auquel se joignent les agréments du reste du corps.

La Sorgues, qui se perd dans le Rhône, prend sa source dans la célèbre fontaine de Vaucluse, et porte bateau presque à sa naissance ; elle a pour affluents la Nesque, l'Auzon et l'Ourèze : son parcours est de 40 kilomètres environ.

LE PONTET.

Trente-quatrième station. — 600 habitants.

Le Pontet, où l'on a établi une station, n'est pas un village, ni un bourg proprement dit. C'est tout simplement un hameau qui dépend d'Avignon. Nous n'avons donc aucun détail à relater en ce qui concerne cette station.

AVIGNON.

CHEF-LIEU DU DÉPARTEMENT ET SIÉGE ARCHIÉPISCOPAL.

Dernier ponton et dernière station. — 33,844 habitants.

En approchant de cette ville, on peut distinguer, et même d'une assez grande distance, les hautes tours carrées du Palais des Papes, comme aussi la tour de la cathédrale, les unes et les autres situées à la cîme d'un rocher assez élevé, que les détours du Rhône du côté nord, circuits et détours très fréquents, rendront impatients d'atteindre.

Vu du côté nord, Avignon présente un majestueux aspect, et plus on approche, plus cet aspect s'embellit de détails historiques et pleins d'intérêt. Les clochers de plusieurs paroisses, quelques tours, les remparts crénelés, les portes, les débris de ce vieux pont de saint Bénézet, qui a traversé tant de siècles, le pont moderne, divisé par les deux bras que forme le Rhône en cet endroit en deux parties que sépare une île verdoyante, nommée la *Bertalase* ; un magnifique entourage complanté de riches et abondantes productions, et presque partout arrosé par des eaux fraîches et vives que fournit la fontaine de Vaucluse ; tous ces détails composent un ensemble et un tableau qui peut se rencontrer autre part, mais qui se rencontre bien rarement aussi complet.

Il faut bien reconnaître que l'intérieur de cette ancienne capitale du comtat Venaissin, est moins beau que son extérieur. Depuis quelques années cependant, les édiles qui la gouvernent l'ont enrichie d'améliorations notables; par leurs soins des places ont été ouvertes, des édifices et même des monuments se sont élevés; les rues ont un alignement plus exact et plus régulier. Mais la ceinture de remparts qui environnent la ville, et qui maintenant sont conservés plutôt comme souvenirs historiques et monuments du passé, que comme moyens de défense, forment un obstacle véritable à des embellissements que le progrès voudrait réaliser, et que le besoin réclame. De sorte que les bonnes intentions des magistrats sont entravées et paralysées par la limite que leur assignent ces débris de fortifications.

Avignon, en latin, *Avenio Cavarum*, remonte à une origine très ancienne. La conquête romaine trouva cette ville capitale des Cavares, peuple puissant, lequel, au dire de Strabon, possédait tout le territoire qui commençait après le confluent de l'Isère, c'est-à-dire après l'endroit où cette rivière se jette dans le Rhône et s'étendait jusqu'à la Durance. Mais d'autres auteurs restreignent leurs possessions aux districts des villes d'Orange, de Carpentras, d'Avignon et Cavaillon. Avignon passa tour-à-tour sous la domination des Goths, des Bourguignons, des Ostrogoths et des rois d'Austrasie. En l'an 500, Clovis vint l'assiéger, mais il ne réussit pas à s'en rendre maître. Plus tard, les Sarrasins s'en emparèrent. Charles-Martel la reprit sur eux, mais ceux-ci s'en rendirent maîtres de nouveau, en 737 ; et Charles-Martel les en chassa une seconde fois. Depuis cette dernière expulsion, jusqu'en 880, Avignon fut soumise aux rois carlovingiens ; ensuite elle fit partie du royaume d'Arles. Plus tard ayant adopté, pour son gouvernement, la forme républicaine, elle eut de grandes luttes à soutenir pour conserver sa liberté.

Lors de la guerre des Albigeois, Toulouse ayant adopté le parti de ces hérétiques, Avignon suivit son exemple, et se vit bientôt assiégé par le roi de France Louis VIII. Ce monarque resta trois mois devant cette ville, et y perdit plus de 22,000 hommes ; il parvint à se rendre maître de la ville, où il entra vainqueur, le 10 septembre 1226. Il imposa aux Avignonnais la destruction de leurs palais, de leurs remparts et de toutes leurs fortifications, plus celle de 300 maisons. Toutefois rien ne fut changé à la forme de leur gouvernement.

Tant de revers, on le comprend, diminuèrent beaucoup l'importance de cette ville, laquelle, en 1251, rentra sous la domination des comtes ; ceux-ci ne lui laissèrent qu'une ombre de ses priviléges et de son gouvernement. Le 19 juin 1348, les papes devinrent possesseurs du comtat Venaissin, par suite de la vente qui leur en fut passée, en la personne de Clément VI, par Jeanne de Naples, reine des Deux-Siciles et comtesse de Provence. Nos lecteurs seront peut-être satisfaits d'apprendre le motif et les circonstances qui amenèrent cette vente.

Jeanne de Naples avait épousé le prince André, de Hongrie, qui avait à peine 18 ans; elle fit assassiner son époux dans son château royal d'Aversa, sans que l'on ait jamais pu savoir quelle cause mystérieuse la porta à ce crime. Voulant tirer vengeance de ce forfait, le frère du malheureux André accourt du fond de la Hongrie, à la tête d'une puissante armée. Jeanne, contrainte à se défendre, et désespérant de pouvoir opposer des forces suffisantes à son redoutable adversaire, offrit au pape Clément VI de lui céder Avignon et le comtat Venaissin, en échange d'une somme de 80,000 écus d'or; cette proposition fut acceptée. En conséquence, il évoqua devant lui la connaissance et le jugement de l'assassinat du roi André; puis, ayant déclaré la reine Jeanne innocente, il la rétablit dans tous ses droits et prérogatives, et la renvoya à Naples.

Quelques auteurs prétendent qu'antérieurement à la vente faite par Jeanne de Naples, les papes possédaient déjà une partie du comtat Venaissin.

A partir de ce moment, l'histoire d'Avignon embrasse des proportions plus vastes. Les papes étant devenus souverains temporels de la ville et du comtat, leur propre histoire prend désormais la place de celle de la ville elle-même, jusqu'au moment où ils retournèrent à Rome et allèrent habiter de nouveau le patrimoine de saint Pierre.

L'université fondée à Avignon par le pape Boniface VIII, avait attiré, dans cette ville, un nombre considérable d'étrangers. A la mort de Boniface, la tiare fut posée sur la tête de Benoît XI, qui la garda peu de temps. Il y eut ensuite un interrègne de onze mois, après lesquels on appela au pontificat Clément, sous le titre de Clément V, qui portait auparavant le nom de Bertrand de Goth. Ce nouveau pape eut quelques différends avec le roi Philippe-le-Bel ; il s'en suivit diverses concessions. Clément V se décida à fixer sa résidence à Avignon ; il y fit son entrée solennelle au printemps de l'année 1309, et reçut les hommages de la population au pied des remparts que le pape Innocent III avait fait démolir, et que l'un de ses successeurs avait relevés. Les tracasseries suscitées au pape par Philippe-le-Bel, ne se terminèrent qu'en 1312, au concile de Vienne, où fut décidée l'abolition de l'ordre des Templiers et la mort de ces chevaliers religieux.

La vie de Clément V ne fut qu'une suite de tourments continuels. Dévoré de chagrins, en proie à l'une de ces horribles et mystérieuses maladies dont le secret n'est connu que de Dieu seul, et poursuivi par le souvenir du terrible ajournement que, du haut de son bûcher, le grand maître des Templiers, Jacques Molay, lui avait donné pour paraître dans quarante jours au tribunal de Dieu, le pape Clément V partit d'Avignon, espérant que l'air natal ranimerait en lui le principe vital, et dissiperait cette défaillance dans laquelle sa vie s'éteignait. Arrivé au château de Roquemaure, il lui fut impossible de continuer sa route, et expira le 20 avril 1314. Les recueils de décrets et règlements publiés par ce pontife, sont connus sous le nom de *Clémentines*. Il donna le premier, à cette contrée, le titre de *comté du Venaissin*, et on y battit de la monnaie d'argent à son effigie.

Après un nouvel interrègne qui dura deux ans, le cardinal Jacques d'Ossat, qui avait été successivement évêque de Fréjus, d'Avignon et de Porto, fut élu pape à Lyon, le 7 août 1316, sous le nom de Jean XXII. Il fit son entrée solennelle à Avignon, le 1er octobre de la même année. Ce fut lui qui fit construire dans cette ville l'édifice que l'on voit aujourd'hui presque en ruines, et qui a conservé le nom de Palais des Papes.

En 1317, Hugues Géraud, évêque de Cahors, essaya d'empoisonner Jean XXII. Les jours du pape furent en danger. Désespéré de n'avoir pas réussi à lui donner la mort, Géraud dirigea ses criminelles tentatives contre Jacques de Via, neveu du souverain pontife, et alors évêque d'Avignon. Cette fois ses coupables desseins eurent un plein succès ; mais le trépas de l'évêque d'Avignon fit tomber sur Géraud le juste châtiment de son double attentat. Le jugement portait qu'il serait d'abord publiquement dégradé ; qu'ensuite, on l'attacherait à la queue d'un cheval pour être traîné au lieu du supplice ; qu'enfin il serait brûlé vif. Cette sentence reçut son exécution le 20 mai 1317.

Jean XXII mourut à Avignon, le 4 décembre 1334. Sa dépouille mortelle est inhumée dans la cathédrale actuelle, Notre-Dame-des-Dons. Son successeur fut élu à Avignon, seize jours après sa mort, sous le nom de Benoît XII. Il s'appelait auparavant Jacques Fournier, ou le cardinal Blanc. Le nouveau pape fut vivement sollicité par les députés venus de Rome, de retourner habiter cette ville et d'y transférer le siége pontifical. Nous ne chercherons pas à apprécier les motifs qu'il allégua pour s'y réfuser; il resta à Avignon, et fit élever un château-fort, édifice de la plus grande solidité, qu'il termina par cette tour immense qui domine la ville et la campagne, et que l'on désigne sous la dénomination de tour de *Trouillat*. Benoît XII fit démolir, pour construire ces masses imposantes, tout ce que son prédécesseur avait fait commencer pour son palais pontifical; et ce fut ainsi qu'il acheva la partie septentrionale du palais dont les débris se voient encore de nos jours. Ce pontife mourut le 24 avril 1342, emportant les regrets universels. Il eut pour successeur Clément VI, auparavant nommé Pierre Royer, et issu d'une famille riche et noble. Il était moine de l'ordre de saint Benoît, et avait occupé l'évêché d'Arras, et les archevêchés de Sens et de Rouen.

Peu de temps après son élévation au pontificat, Clément VI prit une mesure qui fait le plus grand honneur à son caractère, et surtout à sa clémence. Il publia une bulle par laquelle il appelait à Avignon tous ceux qui auraient des graces à lui demander. Plus de 100,000 ecclésiastiques accoururent dans cette ville, de toutes les parties du monde chrétien, pour participer aux bienfaits de cette indulgence générale. La bonté de Clément VI avait provoqué cette mesure; sa maxime favorite était *qu'il fallait que personne ne sortît mécontent du palais d'un souverain.*

Clément VI reçut, pendant son pontificat, la visite de divers personnages célèbres; la plus importante fut celle de **Jeanne de Naples**, fille du roi Robert, et accusée d'avoir fait assassiner son jeune époux, André de Hongrie, dans le château d'Aversa.

Devenu propriétaire et seul maître d'Avignon, soit en vertu de sa possession antérieure, soit par suite de la vente faite par Jeanne de Naples, Clément VI embellit sa capitale, et acheva les travaux que Benoît XII avait commencés. On construisit, sous son règne, la salle du Consistoire et la chapelle pontificale, et le pape fit venir pour les décorer les peintres les plus distingués de l'Italie. En 1350, il fit commencer la magnifique ceinture de murailles et remparts qui subsistent encore aujourd'hui, du moins en partie. Clément VI ordonna aussi des réparations au pont de Saint-Benezet; enfin, par ses soins l'abbaye de la Chaise-Dieu (Haute-Loire), dans laquelle il avait fait sa profession religieuse, fut reconstruite et embellie. Deux ans après, il mourut, et sa dernière volonté prescrivit que ses restes mortels fussent inhumés dans cette abbaye, à laquelle il avait fait des dons magnifiques. Nous ne terminerons pas cette analyse du règne de Clément VI, sans mentionner que, sous son pontificat, parut à Avignon Laure de Sades, que ses vertus, ses charmes, et plus encore les vers de Pétrarque ont immortalisée à jamais. Cette belle personne était l'ornement de la cour pontificale.

Le successeur de Clément VI, Etienne Aubert, cardinal et évêque d'Ostie, élu pape sous le nom d'Innocent VI, fut couronné le 13 octobre 1352. Des guerres qui furent bien fatales à la France marquèrent ce pontificat. En 1356, la bataille de Poitiers entrainait dans ces terribles résultats la captivité du roi Jean et plongeait le royaume dans une série de calamités. Vers ce même temps (1360), la Provence et notamment le comtat Venaissin étaient ravagés par ces bandes indisciplinées, connues sous le nom de *Grandes Compagnies*, que commandait *Arnaud de Surale*, surnommé l'*Archiprêtre*. Le pape fut obligé, pour éloigner de ses États ce chef de bandits, de lui payer une somme de 400,000 écus, et de lui conférer l'absolution.

En 1361, une peste affreuse, qui envahit la province, décima la population et enleva dans l'espace de trois mois, 17,000 personnes, parmi lesquelles se trouvaient cent évêques et neuf cardinaux. Vers cette époque, et voulant se dérober au tumulte de la cour, le pape, qui possédait déjà une maison de plaisance à Villeneuve-les-Avignon, fit élever une Chartreuse sur l'emplacement de cette résidence. La vallée où fut construit ce monastère prit le nom de vallée des Bénédictins. Innocent VI désigna en ce lieu même la place où il voulait être inhumé.

Ce pontife fit aussi achever les fortifications qui entouraient la ville. Innocent VI mourut le 12 septembre 1362. Son tombeau, érigé à l'endroit par lui désigné, ne fut pas respecté, au temps des guerres de religion, et moins encore, pendant la terreur de 1793. A cette dernière époque, l'emplacement que ce tombeau occupait fut vendu à un vigneron. Actuellement, ce mausolée est restauré ; on le voit dans la chapelle de l'hospice de Villeneuve-les-Avignon, commune dépendant du département du Gard.

Guillaume de Grisac, abbé de Saint-Victor, de Marseille, succéda à Innocent VI, sous le nom d'Urbain V. Élu le 27 septembre, il ne fut proclamé que le 28 octobre 1363. Le nouveau pontife se fit remarquer par la simplicité de ses mœurs et par une piété fervente. Il se proposait de reporter à Rome le siége pontifical, et se rendit même dans cette ville, en 1367, pour réaliser ce projet ; mais il revint à Avignon, en septembre 1370, il y mourut trois mois après son retour. Parmi les personnages illustres qui réunirent leurs efforts à ceux du souverain pontife pour l'aider dans l'accomplissement du dessin dont nous venons de parler, on trouve le célèbre Pétrarque.

Urbain V eut pour successeur Pierre Roger de Beaufort, neveu de Clément VI ; il prit le nom de Grégoire XI. Ce pape essaya d'arriver au but que son prédécesseur avait cherché ; surmontant les obstacles qu'il rencontra, même dans son entourage, et encouragé par la visite que lui rendit sainte Catherine de Sienne, venue auprès du pontife pour implorer la grace des Florentins révoltés, il quitta Avignon et la France ; le 13 septembre 1376, il s'embarqua sur une galère appartenant aux chevaliers de Saint-Jean-de-Jérusalem, descendit à Corneto, et fit son entrée à Rome, le 13 janvier 1377. Grégoire mourut peu de temps après ; sa prévoyance lui avait fait pressentir le schisme qui devait bientôt désoler l'église. Ses craintes ne se réalisèrent que trop. Les élections qui eurent lieu pour le choix de son successeur, eurent, pour résultat, la nomination de deux papes, l'un sous le nom de Clément VII, l'autre sous celui d'Urbain VI; le premier alla s'établir à Avignon, le second fixa sa résidence à Rome. Aux discussions religieuses qui éclatèrent à la suite de ces deux élections, ajoutons, pour ce qui concerne Avignon, qu'une nouvelle peste vint ravager cette ville. Clément VII mourut en 1394. Benoit XIII lui succéda, mais plusieurs souverains refusèrent de de le reconnaître et prirent parti ouvertement pour le pontife qui habitait Rome. Le roi de France fut de ce nombre; précédemment déjà, et pour mettre fin à ce schisme déplorable et scandaleux, il avait tenté auprès de Clément VII, des efforts inutiles pour le déterminer à céder. Trompé dans ses espérances, et voyant que la conciliation était impossible, ce monarque envoya, en 1402, contre le pape d'Avignon, une armée commandée par le maréchal de Boucicaut. Le pape opposa aux Français une armée d'Espagnols que commandait son frère don Rodrigue de Luna.

Le nombre des feuilles que nous avions réservé à l'exécution du *Voyage de Lyon à Avignon*, étant complété, et l'historique de cette dernière ville, fort long du reste, n'ayant pu y entrer dans son entier, nous renvoyons nos lecteurs, pour le complément de cet historique, à notre *Voyage d'Avignon à Marseille, Nîmes, Alais, Montpellier et Cette*. Aucun inconvénient ne peut résulter de ce renvoi, puisque, comme nous l'avons déjà dit, toute la ligne de Paris à Marseille est exécutée sur le même format, le même caractère et la même justification, et pourra, dès-lors, ne faire qu'un seul volume.

Lyon, imprimerie et lithographie de Baja fils, cours de Brosses, 9,
à la Guillotière.

ANNEXÉE AU VOYAGE DE LYON A AVIGNON

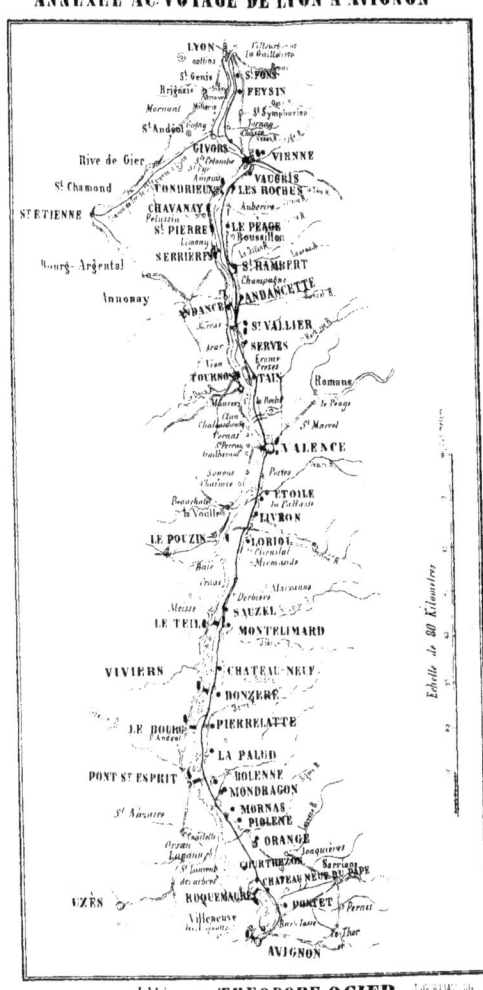

publié par **THEODORE OGIER**